KB176677

30대에
변화하기 위해 알아야 할
좋은 습관
리스트
100

NATONAKU 20 DAI WO SUGOSHITE SHIMATTA HITO GA

30 DAI DE KAWARU TAME NO 100 NO KOTOBA

copyright ⓒ Takuya Senda 2011

All right reserved.

Original Japanese edition published by NIHONBUNGEISHA Co., Ltd.

Korean translation rights arranged with NIHONBUNGEISHA Co., Ltd.

through Timo Associated Inc., Japan and PLS Agency, Korea.

Korean edition copyrights ⓒ 2013 by HARMKKE Publishing Co., Seoul.

그저 그런 20대를
보낸 사람이

30대에

변화하기 위해 알아야 할

좋은 습관
리스트

100

센다 타쿠야 지음 l 박은희 옮김

함께
BOOKS

목차

프롤로그

꾸준히 성장해 가는 사람은 희노애락의 감정이 풍부하다

1. 좋은 인상을 만든다

2. 교섭하는 능력을 키운다

3. 통솔력을 키운다

4. 결단력을 키운다

5. 돌파력을 키운다

6. 인력(引力)을 기른다

7. 창의력을 기른다

8. 우연의 힘을 기른다

9. 인내력을 기른다

10. 비약(飛躍)의 힘을 기른다

꾸준히 성장해 가는 사람은
희노애락의 감정이 풍부하다

+ 　　30대부터 두각을 드러내는 사람과 그렇지 못한
사람의 차이는 그들이 가진 에너지에 있다. 인간이 가진
에너지의 차이는 희노애락의 진폭의 차이이다.

발전해 가는 사람은 희노애락의 진폭이 +−100인데 비
해, 발전이 없는 사람의 진폭은 고작 +−10 정도이다. 희
노애락의 감정을 겉으로 표현하는 건 창피한 일이라고 생
각할지도 모른다. 그렇다면 당신은 +−30 정도의 어중간
한 희노애락의 감정을 가진 사람이다. 어중간하게 희노애
락의 감정을 가진 사람은 시도 때도 없이 고함을 치거나,
불만 많고 까다로운 고객이 되거나 한다. 늘 날카롭게 신
경이 곤두서있고, 무뚝뚝한 사람들은 대개 이 부류에 속
한다.

반대로 희노애락의 감정이 풍부해지면 사람은 차분해진다. 사소한 것까지 꼬치꼬치 따지고 들면, 신경이 쇠약해져 수명이 단축된다는 것을 본능적으로 알고 있기 때문이다. 따라서 이들은 풍부한 희노애락의 감정을 일하는 에너지로 전환시켜 해소하고 있다. 이런 사람들은 고객의 불만을 고객보다 100배 빠른 속도로 먼저 알아챈다. 또 고객이 감동할 만한 것을 고객보다 100배 빠른 속도로 본인이 먼저 알아챈다. 희노애락의 감정이 풍부한 사람은 사람의 마음을 자기 손바닥 들여다보듯 훤히 알고 있기 때문에 미리 짐작하고 서비스를 제공할 수 있으며, 업무에서 뛰어난 실력을 발휘한다. 그 결과, 경제적으로나 사회적으로 풍족해지고 만족감을 느끼기 때문에 차분해 보이는 것이다.

희노애락의 진폭이 +-10인 사람은, 애초에 아무 감정도 느끼지 못하기 때문에 변변치 못한 일만 하며 타인에게 고용당하는 인생을 살게 된다. +-30의 어중간한 진폭의 희노애락의 감정을 가진 사람은, 사람도 돈도 주변에서 떠나간다. +-100의 희노애락을 갖고 있고, 그것을 업무에도 활용하는 사람에게는, 사람과 돈이 넘칠 듯이 흘러들어온다.

이것은 상당히 큰 차이이다.

희노애락의 감정을 풍부하게 만드는 방법은 간단하다. 언제나 인생의 1지망에 도전해 나가는 것이다. 과감하게 1지망에 도전하면, 실패했을 때의 충격도 성공했을 때의 감격도 한없이 커진다. 또한, 2지망에 만족한 경우와 비교하면, 희노애락의 차이는 비교조차 되지 않을 정도로 크게 성장할 수 있다. 성장한다는 것은 희노애락의 감정의 폭을 크게 만들어 가는 것이다. 이 책이 여러분을 그렇게 만들어 주는 계기가 되었으면 좋겠다.

2010년 10월 길일에
미나미아오야마의 서재에서 센다 다쿠야

1. 좋은 인상을 만든다

'저렇게 우수한 인재가 왜 이런 한직에 있는 거지?'

당신의 직장에도 이런 생각을 갖게 하는 사람이 있을지 모른다. 이런 사람들은 인상이 그다지 좋지 않다는 공통점을 갖고 있다.

물론 일을 하는 데 실력은 꼭 필요한 조건이다.

그러나 동서고금을 막론하고 인간의 본심은 이렇다.

'맘이 맞지 않는 사람과 참고 일해서 성공하기보다, 맘이 맞는 사람과 일하다가 실패하는 편이 차라리 낫다.'

대부분의 일은 예정대로 순조롭게 진행되지 않는다.

일이 예정대로 진행되지 않을 때, 상대와 맘이 잘 맞지 않으면 함께 극복해 나가기가 쉽지 않다.

001
첫인상은 버린다

+   꾸준히 성공가도를 달리고 있는 사람들을 자세히 관찰해 보면, 첫인상에 크게 신경 쓰지 않는다는 걸 알 수 있다.

물론 지나치게 불결하거나, 건방진 인상을 남겨서는 안 된다.

그러나 의외로 '좀 어리숙한 걸.' 또는 '어라?! 평범한 사람이잖아?'라는 인상을 주는 사람이 많다.

그들은 어깨에 적당히 힘을 빼고, 담담하게 행동한다.

그러다 막상 일을 시작하면 맹렬하게 자신의 능력을 발휘한다.

그런 첫인상과의 격차가 바로 그 사람의 매력이다.

첫인상에 과하게 신경을 썼는데 실제 실력이 그에 미치지 못하면 처음 주었던 인상은 오래 지속되지 못한다.

첫인상에 지나치게 집착하지 않는다.
능력 있는 사람일수록 어깨에 적당히 힘을 빼고
담담하게 행동한다.

악수의 방법

악수할 때는 반드시 일어서서 상대방의 눈을 보면서 해야 한다. 상대방의 눈을 보지 않고 하는 악수는 큰 실례가 된다. 그리고 부드럽게 미소를 지은 채, 손을 팔꿈치 높이만큼 올려서 잠시 상대방의 손을 꼭 잡았다 놓는다. 이때에도 형식적으로 손끝만 잡는다거나 또 자기 손끝만을 내미는 일은 실례가 되고, 너무 세게 잡아서도, 또 잡은 손을 상하로 지나치게 흔들어서도 안 된다.

아는 사람을 만났을 때는 악수에 대비해서 오른손에 들었던 물건을 왼손에 미리 고쳐 드는 것이 예의이다. 왼손잡이도 마찬가지다. 상대방이 오른손잡이일 가능성이 크기 때문이다.

악수하면서 허리를 굽혀 인사하는 사람들이 꽤 많은데, 악수는 원래 서양식 인사이므로 허리를 굽혀 인사할 필요는 없다. 두 가지를 함께 하면 비굴한 인사가 되고 만다. 상대방이 웃어른이라면 먼저 허리를 굽혀 인사를 하고 난 다음에, 어른의 뜻에 따라 악수를 한다. 이때에도 두 손으로 손을 감싸 안을 필요는 없다.

002
호감을 사기 위해 노력할수록
미움받는다

+ 　　학창 시절을 돌이켜보길 바란다.

반 친구들 모두가 꺼려하고 미움을 받던 친구 중에는 의외일 정도로 성격도 좋고 노력파인 학생이 많았다.

사회에 나가서도 마찬가지이다.

열심히 노력하는 사람일수록 직장 내에서 동료들의 기피 대상이 되는 경우가 의외로 많다.

'저렇게 성격 좋고 성실한 사람이 왜 미움을 받는 걸까'라고 의아할 것이다.

이 세상에 험담의 대상이 아닌 사람은 없다.

오히려 팔방미인에다 노력파일수록 '쳇, 저 사람은 누구에게나 사람 좋은 얼굴을 하고 있군.'이라는 험담을 듣게 된다.

이런 사람들이 호감을 사기 위해 노력하면 할수록 더욱 미움을 받고 만다.

반대로 조금 독특한 성격을 가진 사람이 친절한 모습을 보이면, 사람들은 그 사람의 매력에 푹 빠지게 된다.

팔방미인은 결국 가장 미움받는 대상이 된다.
때때로 보이는 친절함에 사람들은 푹 빠진다.

003
인사는 스피드가 생명이다

+ 　　　어느 곳에서건 인사는 내가 먼저 한다.

입사 연차, 직책, 연령, 성별 등은 일절 관계없다.

상대가 먼저 인사하길 기다리는 사람은 절대 성공할 수 없다.

뛰어난 능력을 가졌음에도 불구하고 출세가도에서 탈락하는 사람들은 인사를 잘 못한다는 공통점을 갖고 있다.

상대에게 인사를 받고 나서, '아, 안녕하세요.'라고 회답하는 것은 인사가 아니다.

상대는 그런 사람과 대화를 나누고 싶다거나, 지지하고 싶다고 생각하지 않는다.

내가 먼저 적극적으로 인사를 건네면, 상대와 많은 대화를 나눌 수 있고, 나를 응원해주는 사람도 늘어난다.

양자의 차이는 우주 빅뱅처럼 점점 커져간다.

상대가 먼저 인사하길 기다리는 사람은
절대 성공할 수 없다.
인사는 내가 먼저!

004

미인으로 태어나도,
미소가 없으면 가장 인기가 없게 된다

+ TV를 보면 승승장구하며 발전하는 사람과 퇴보
하는 사람의 차이를 쉽게 알 수 있다.

그것은 바로 얼굴에 미소가 있느냐 없느냐이다.

미모나 신체 비율만을 놓고 본다면 현재 활약하고 있는
여배우나 모델보다 뛰어난 사람이 많다.

하지만 10년 후에도 인기를 유지하고 있는 사람은 극히
일부이다.

그 극히 일부의 사람들은 하나같이 팬들의 기억 속에
매력적인 웃는 얼굴로 남아 있다.

웃지 않는 것보다 웃는 편이 나은 것이 아니다.

얼굴에 미소가 없으면 가장 인기가 없게 된다.

게다가 미모가 뛰어나면 뛰어날수록 그 차이는 더욱 두

드러져서 나쁜 인상을 주게 된다.

웃는 얼굴은 누구나 조금만 신경 쓰면 가능한 것인데, 너무 안타까운 일 아닌가.

웃는 얼굴은 사람의 기억 속에
가장 인상 깊게 남는다.
매력적인 미소를 지닌 미인이 되자.

악수의 예절

악수할 때 남녀 모두 장갑을 벗는다. 여성은 팔꿈치까지 오는 긴 장갑을 끼었을 때와 거리에서는 장갑을 벗지 않아도 되지만, 남자는 아무리 추워도 오른쪽 장갑만은 벗어야 한다. 그러나 상대가 악수하려고 손을 내밀고 있는데, 그제야 장갑을 벗으려고 하여 상대방을 기다리게 하기보다는 차라리 장갑을 벗지 못하는 것에 대해 양해를 구하고 장갑을 낀 채 악수하는 편이 낫다.

유럽이나 라틴계 중남미 나라에서는 신사와 숙녀가 악수할 때, 남자가 부인의 손을 잡고 상반신을 앞으로 굽혀 정중한 태도로 손가락에 입술을 가볍게 대는 풍습이 있는데 이것은 부인에 대한 전통적인 인사법이다. 우아하고 멋이 있지만 젊은 사람들 사이에서는 점차 없어져 가는 풍습이다.

005
남의 이야기를 들을 때,
팔짱을 끼지 마라

+ 　　　지금까지 1만 명의 경영진들과 인터뷰를 해 오면서 재미있는 사실 하나를 깨달았다.

인터뷰 중에 팔짱을 끼고 이야기를 하던 사람은, 그 후의 인생에서 큰 두각을 드러내지 못 한다는 것이다.

나는 연수에서 강의를 할 때, 팔짱을 낀 채 깐깐한 얼굴로 거만하게 앉아있는 사람에게 자주 질문을 한다.

그러면 그런 사람들은 대개 제대로 답을 하지 못하고 횡설수설한다.

사람은 팔짱을 끼면 두뇌 회전이 둔해진다.

팔짱을 끼는 건 아무 생각도 하지 않고 있다는 것을 들키지 않기 위한 자기 방어 행위에 지나지 않는다.

사업 제안을 하는 쪽도 동기부여가 되지 않아, 같이 일하고 싶다는 생각이 들지 않는다.

남의 이야기를 들으면서 팔짱을 끼는 것은
단순한 자기방어 행위이다.
두각을 드러내지 못하는 암울한 인생을 향해
돌진하는 것과 다름없다.

행복을 만드는 습관

❶ 음식은 밝은 조명 아래에서 하루 네다섯 번 조금씩 먹는다.
❷ 날마다 다섯 잔의 물, 한 개의 사과를 먹으면 그게 보약이다.
❸ 목표를 정하면 집중력이 생기고 집중력은 무서운 위력을 낳는다.
❹ 메모하라. 성공과 실패가 여기에서 결정된다.
❺ 텔레비전 시청을 한 시간 줄이고 그 시간을 자신에게 투자하라.
❻ 긍정적인 내용이 담긴 문장을 적어 주위에 붙여 두자.
❼ 사람들에게 진심으로 감사 표현을 하자.
❽ 먼저 인사하고 자주 웃자.

006
'그건 왜죠?'라고
시비조로 말하지 않는다

+   상담(商談) 도중에 상대에게 질문을 해서 손해를 보는 사람이 많다.

가르침을 받고 있는 입장이면서 오히려 거드름을 피우는 사람이다.

이런 사람들은 '근거는 뭡니까?', '왜죠?'라며 거만한 태도로 질문을 한다.

납득하려는 자세가 부족한 본인이 문제인데, 상대가 자신을 납득시키는 것이 당연하다고 생각하고 있기 때문이다.

그래서 '어디 그 정도로 나를 설득할 수 있겠어?'라며 싸움을 걸고 있는 것이다.

상대의 이런 태도에 가르쳐주는 쪽은 김이 새고 만다.

그리고 이런 사람에게 더는 정보를 제공하지 말아야겠다고 생각한다.

무엇보다 '납득하려는' 자세가 중요하다.

상대에게 유익한 정보를 얻기 위해서는
'납득하려는' 자세가 필요하다.

인생을 망치는 변명

❶ 나도 알아요. 하지만 나도 사람이라고요.
❷ 그게 잘못이란 건 알아요. 하지만….
❸ 그게 옳다는 건 알아요. 하지만….
❹ 나야말로 세상에서 진짜 불행한 사람이라고요.
❺ 나도 한때는 뚜렷한 가치관이 있는 사람이었다고요.
❻ 그건 특별한 사람이나 하는 거라고요. 전 할 수 없어요.
❼ 하다 보니 그렇게 됐어요.

007
양말에 돈을 투자한다

+ 　절호의 기회가 찾아왔을 때 승부는 속옷에서 결정된다.

비즈니스에서 상대에게 속옷을 보이는 경우는 거의 없지만, 양말을 보이는 경우는 많다.

아무리 깔끔하게 수트를 차려입었어도, 양말에 구멍이 났거나, 뒤꿈치가 닳아서 속살이 비친다면, 언제까지고 그런 모습이 당신의 인상으로 남게 된다.

양말에 돈을 들이라는 건 무리해서 고급 브랜드의 양말을 신으라는 의미가 아니다.

비즈니스용 양말은 구멍이 뚫릴 때까지 신지 말고, 남에게 보일 때를 생각하여 항상 새것과 같은 상태를 유지하도록 해야 한다.

양말이 깔끔한 사람은 예외 없이 업무 능력이 뛰어

나다.

사람은 의외로 상대의 발끝을 주시하고 있다.
양말에 세심하게 신경을 쓰는 사람은
하나같이 업무 능력이 뛰어나다.

일반적인 호칭에 관한 예절

❶ 친구나 동료처럼 대등한 위치에 있는 사람이라면 자연스럽게 이름을 부른다. 그러나 회사 내에서는 이름 뒤에 '씨' 자를 붙여 부름으로써 상대를 존중함은 물론 사무실 내의 공적인 질서를 유지하도록 한다.

❷ 나이와 지위가 다르더라도 상급자로부터 어떻게 불러달라는 말이 있게 되면 그에 따라 호칭하도록 한다.

❸ 사회적 지위가 높은 사람이나 전문 직업인, 손윗사람에 대해서는 그에 맞는 경칭을 사용하도록 한다.

008
명쾌한 말투로 'NO!' 라고 말한다

+   'OK'라는 답은 누구라도 기분 좋게 말할 수 있다.

그만큼 'OK'는 쉽게 할 수 있는 말인 것이다.

그 사람의 진정한 커뮤니케이션 능력은 'NO!'를 말할 때 드러난다.

'이 사람과 친해지고 싶다.', '응원하고 싶다.'고 생각하게 만드는 사람은,

'NO!'를 전하는 방법이 무척 명쾌하기 때문이다.

반대로 늘 'OK'만 말하다가도,

단 한번의 'NO'가 상대를 기분 나쁘게 하면 관계가 끝나기도 한다.

서슴없이 'NO'를 말하는데도 사랑받는 사람이 되려면,

가능한 한 빠른 시일 안에 'NO'를 한 번 경험해 보자.

결론과 진심이 담긴 거절의 이유 하나를 분명하게 말하

고, 마지막은 '죄송합니다.'로 마무리하는 게 좋다.

난이도 높은 'NO'를 명쾌하게 전하면,
사람들의 지지를 받는다.

소개의 원칙

다음의 세 가지 원칙을 알아두면 어디서 누구를 소개하더라도 예의에 어긋나는 일이 없을 것이다.

❶ 반드시 남성을 여성에게 소개한다.
❷ 반드시 손아랫사람을 손윗사람에게 소개한다.
❸ 반드시 덜 중요한 사람을 더 중요한 사람에게 소개한다.

009

상대가 묻지 않는 한, 변명하지 않는다

+ '고속도로가 정체돼서 30분 늦을 것 같아요.'

'전철 운행이 지연되는 바람에 10분 늦게 도착하겠습니다.'

이런 문자나 전화를 하는 사람이 많다.

게다가 이런 사람들은 어딘지 모르게 태도가 조금 뻣뻣하다.

'고속도로 상황이나 전철 탓이지 어디까지나 나는 피해자다.'라고 생각하는 식이다.

이런 사람들은 절대 성공한 사람들에게 인정받고, 지지받으면서 성공할 수 없다.

성공한 사람들은 묻지 않는 한 절대 변명하지 않기 때문이다.

정체나 지연은 사전에 알 수 있는 상황이다.

때문에 그런 상황을 알면 이들은 곧바로,

'죄송합니다. 10분 늦겠습니다.'라고 메일을 보낸다.

약속된 시간보다 1시간 이상 전에 도착한 이 메일만으로 상대는 '뭔가 피치 못할 사정이 있었군.'이라고 이해한다.

사사건건 변명을 늘어놓을 때마다,
성공에서 점점 멀어진다.

010
늘 진심을 말하는 사람이
운명의 상대를 만난다

+ 　　　장기적으로 보면 지나치게 남의 눈을 의식하며
살아온 사람보다, 정직하게 진심을 말하는 사람이 행복한
삶을 살고 있다.

물론 실력은 부족하면서 자기주장만 늘어놓는다면 사
람들에게 외면당한다.

혼자서 성실하게 실력을 쌓은 뒤, 용기를 가지고 진심
을 말해야 한다.

그러다 보면 '실은 나도 그렇게 생각하고 있었어.'라는
사람과 만나게 된다.

그 사람이 바로 당신의 운명의 상대이다.

주위를 배려하며 녹초가 되어 성공하는 것이 아니라,

늘 진심을 말하면서 빠른 시기에 운명의 상대를 만나는

사람이 성공한다.

운명의 상대를 만나면, 그 매력에 끌려 많은 사람들이
모여든다.

언제나 진심을 말하면
운명의 상대를 만날 기회가 많아진다.

리셉션에서의 소개

❶ 주빈에게 모든 손님을 소개한다.
❷ 리시빙 라인에서의 접객이 끝난 후에 도착한 손님은 안주인이 주빈 있는 곳
으로 안내하여 소개한다.
❸ 처음 온 손님을 안주인이 먼저 도착한 손님들에게 소개해준다.
❹ 칵테일 파티에서 처음 온 손님을 소개하는 것은 대략 10~20명 정도가 적당
하다.
❺ 손님이 무리를 이루고 있을 때는 처음 온 손님을 그곳으로 데려가 소개한다.

2. 교섭하는 능력을 키운다

흔히들 '교섭에서는 반드시 이겨야 한다.'고 착각을 한다.

그러나 이기겠다는 자세로 교섭에 임하면 반드시 실패할 수밖에 없다.

일시적으로 이긴 것처럼 보여도 장기적으로 보면 반드시 지는 날이 찾아온다.

교섭에 성공하기 위해서는 '서로 납득하는' 자세가 필요하다.

'자, 이제부터 저 사람을 납득시켜야지.'라는 자세가 없으면 의미 없는 시간만 흐를 뿐, 결국 진흙탕 싸움이 되고 만다.

'내가 살짝 진 건가?'라고 생각하는 상태에서 교섭을 마치는 편이 쉽게 주도권을 잡을 수 있다.

011
돈과 시간 이야기는 초반에 끝낸다

\+　　상담(商談)에 서툰 사람은 돈과 시간 이야기를 마지막에 꺼낸다는 공통점을 갖고 있다.

돈과 시간 이야기를 마지막에 꺼내는 건 그저 상대의 귀중한 시간을 뺏는 것일뿐 그 무엇도 아니다.

그러므로 가위 바위 보에서 상대가 낸 패를 보고 뒤늦게 손을 내미는 것과 같은 반칙에 길들여져 있는 회사나 업계가 기울어 가는 것은 당연한 일이다.

누구나 궁금해 하는 가장 중요한 사항을 마지막에 꺼내기 때문에, 상담이 끝날 즈음에서야 '가격이 높다.'라든가 '시간이 오래 걸린다.'는 걸 알게 된다. 그러면 상대는 그 시점에서 이 회사와 두 번 다시 거래하지 않겠다고 마음속으로 다짐한다.

거래처와의 거래가 단발로 끝나는 회사는 신규 개척에

만 힘을 쏟다가 결국 무너지고 만다.

상담 초반에 돈과 시간 이야기를 꺼내면, 가령 거래가 성사되지 않더라도 서로 시간 낭비를 최소화할 수 있다.

돈과 시간 이야기를 마지막에 하는 비겁한 행위는 단순한 시간 도둑이다.

명함을 줄 때

❶ 자기 명함을 줄 때는 반드시 일어서서 오른손으로 준다. 오른쪽이나 오른손은 서양에서 경의를 표하는 것으로 인식되고 있다고 한다. 이때에는 상반신을 약간 구부려 예를 갖춘 다음 겸손하게 'OO라고 합니다. 잘 부탁합니다'는 정도의 인사말을 곁들이는 것이 좋다.

❷ 회사 일로 명함을 돌릴 때는 자기 소속을 분명히 밝힌다. 이때 상대방에게 주는 인상이 자기가 추진하는 업무의 성공 여부를 결정한다고 해도 과언이 아니다.

012
결론은 서두에 말한다

+　　교섭을 잘 하는 사람은 반드시 예정 시각보다도 일찍 상담을 마친다.

상담의 성사 여부보다 상담 시간을 연장하지 않는 것이 더 중요하다고 생각하기 때문이다.

시간을 연장하면서까지 설득한 기획은 가령 채택된다 해도, 순조롭게 진행되지 않는다는 것을 경험상 잘 알고 있다.

시간이 갈수록 서로의 생명을 갉아먹고 있다고 생각하기 때문에, 거래를 성사시키는 것도 거절당하는 것도 어쨌든 빠르다.

결론을 처음에 말하면 가령 거절당하더라도,

그만큼 시간을 번 셈이므로 그 시간에 다른 곳에 제안을 할 수 있다.

이렇게 초반에 결론을 말하는 사람과 결론을 뒤로 미루는 사람은, 같은 시대를 살아도 꿈을 실현하는 데에는 큰 차이가 있다.

결론을 빨리 말하는 사람과 뒤로 미루는 사람은
성공하는 속도에서 큰 차이가 있다.

전화 걸 때의 예절

❶ 전화통화를 할 때에는 자기 이름과 소속을 밝히는 것이 기본예절이다. 어느 회사의 누구, 혹은 어느 부서의 누구임을 먼저 말하고 상대를 부탁한다. 그리고 상대방이 전화를 받으면 다시 한 번 자신의 이름을 밝히고 용건을 말한다. 혹 전화를 잘못건 경우에는 반드시 사과한 후에 전화를 끊는다.

❷ 용건이 끝나면 인사말을 하고 전화를 건 쪽에서 먼저 수화기를 놓는다. 그러나 상대방이 윗사람이거나 여성일 경우에는 상대방이 수화기를 놓은 후에 전화를 끊는 것이 예의이다. 통화 도중 전화가 끊어질 때에는 전화를 건 쪽에서 다시 거는 것이 옳다.

013
얼마만큼 납득하고 있느냐가
당신의 설득 능력이 된다

+ 　　어떤 사람을 설득하려고 하면 절대 설득할 수 없다. 인간은 설득당하는 것을 무척 싫어하는 존재이기 때문이다.

그 대신 사람은 납득의 쾌감을 맛보는 것을 무척 좋아한다.

따라서 자신을 기분 좋게 납득시켜주는 사람을 좋아하게 된다.

교섭에서 상대를 납득시키는 요령은, 당신이 상대보다 먼저 1000배 납득하고 있는 것이다.

상대보다도 10배 넓게 지식을 익히고, 상대보다도 10배 깊게 이해하고, 상대보다 10배의 열의로 상담에 임한다.

즉 $10 \times 10 \times 10 = 1000$배인 것이다.

적어도 상대보다 1000배 이상 납득하고 있지 않으면
상대를 납득시키는 것은 그저 꿈같은 일일 뿐이다.

상대를 납득시키기 전에 우선 자신을 납득시키자.

사람은 자신을 기분 좋게 납득시킨 상대를
좋아하게 된다.

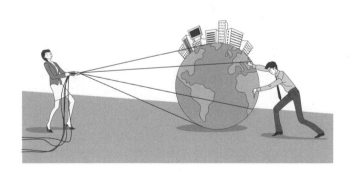

014
상대를 화나게 하라

+   어느 정도 경험을 쌓다 보면 누구나 알게 되는 거지만, 교섭을 하면서 상대를 한번 화나게 하면 유대감이 강해진다.

사람은 감정적으로 되면 자신의 본심을 털어놓는다.

상대가 본심을 털어놓았다는 것은 두 사람이 서로 비밀을 공유했다는 것이다.

게다가, '정말 싫다.'는 감정은 실은 '정말 좋다.'는 감정과 종이 한 장 차이이다.

상대를 화나게 한 뒤 자신의 무례를 정중히 사죄하고 상대의 이야기를 경청해 주면, 유대감이 깊어진다.

상대가 그릇이 큰 사람이라면 진심어린 제안을 반드시 알아줄 것이고, 관계가 오랫동안 유지될 것이다.

화나게 했다는 것은 상대와 내가 대등하다는 것을 인정

받았다는 증거다.

상대를 화나게 하면 유대감이 깊어진다.
'정말 싫다.'와 '정말 좋다.'의 감정은 종이 한 장 차이.

전화를 받을 때의 예절

전화가 걸려오면 되도록 빨리 받고, 회사의 이름과 소속 부서, 자신의 이름을 말한다. 전화를 걸어온 상대방이 누구인지를 알고 나면 곧 인사를 한다. 만약 다른 사람을 찾으면 친절하게 바꿔준다. 만약 상대방이 찾는 사람이 부재중일 때에는 메시지가 있는지 확인하여 정확하게 전달해준다. 아무리 바쁘더라도 잘못 걸려오는 전화를 친절하게 받는 예절도 필요하다.

015
들은 시간이 긴 쪽이 승리한다

+ 컨설팅의 일환으로 IC 레코더를 활용해 상담 조사를 실시한 적이 있다.

거래가 성사된 상담은 세일즈맨과 고객이 이야기를 나눈 시간을 비율로 따져보면 대개 3:7이거나 2:8 정도이다. 이 비율을 넘으면 상담의 성사 확률은 현저하게 떨어진다.

전혀 거래를 성사시키지 못하는 세일즈맨은 대개 말이 너무 많다.

극단적으로 말하면, 자신이 말하는 시간을 줄이기만 해도 상담이 성사될 확률은 높아진다.

3:7이나 2:8의 비율로 말할 때 주의할 점은, 마음속으로는 1:9의 비율로 이야기하겠다고 의식해야만 이 비율을 유지할 수 있다는 것이다.

3:7의 비율을 목표로 하면 자신도 모르게 5:5가 되기 쉽기 때문이다.

자신이 말하는 시간을 줄이기만 해도
상담이 성사될 확률이 높아진다.

016
반론할 때일수록
'과연, 그렇군요!'라고 맞장구친다

+   상대의 말에 반론을 해야 하는 경우도 있다.

그때 당신은 반드시 상대의 이야기를 철저하게 들어주고 신뢰 관계를 구축하고 있어야 한다.

이것은 절대조건이다.

맞장구는 언제나 '그렇군요!'가 좋다.

'그렇군요!'는 업종, 업계를 불문하고, 일류 세일즈맨들의 입버릇이다.

'과연, 그렇군요!'는 yes가 아니다.

상대의 의견을 존중하고 있다는 자세를 보여주는 마법의 단어이다.

'과연 그렇군요!'라는 말을 들을 때마다, 상대방은 점점 다음 이야기를 하고 싶어진다.

상대도 나를 존중해서 이야기를 하고 있기 때문에 들어 주기도 쉽다.

신뢰 관계를 만드는 데에 한 번의 반론은 필수 항목이다.

'과연 그렇군요!'는
상대의 의견을 존중하는 마법의 단어.

바른 인사법 : 모르는 타 부서 사람이 인사를 할 때

예의 바른 인사는 아무리 해도 밑지거나 손해를 보는 일이 없다. 그러므로 잘 모르는 타 부서 사람이 먼저 인사를 하는 경우에도 같이 인사로 답례를 갖추는 것이 좋다. 잘 알지 못한다고 해서 그냥 쳐다보기만 한다면 상대방이 민망해할 것이 분명하다. 우선 인사를 한 후에 주위 동료에게 누구인지 물어보고 다음에 마주쳤을 때 가벼운 인사말을 건네면 더욱 좋을 것이다.

017
키보다 앉은 키가 중요하다

+ 　　교섭을 잘하기 위해 필요한 것은 화술만이 아니다. 상대에게 어떻게 보이는지도 상당히 중요하다.

똑같은 실력이라면 믿음직스럽지 못한 모습보다는 믿음직스러운 모습이 당연히 유리하다.

믿음직스러운 모습을 만드는 방법은 간단하다.

누구보다도 곧게 등을 펴는 것이다.

고맙게도 교섭은 서서 하는 경우보다 앉아서 하는 경우가 훨씬 많다.

즉, 신장의 차이가 아니라 앉은키로 승부하는 것이다.

앉은키라면 성별, 연령, 국적을 불문하고 대등하게 싸울 수 있다.

체구가 작고 카리스마가 있는 어느 남성 사장은 교섭을 할 때는 언제나 최대한 높게 조절한 의자에 앉는다고 한다.

　그리고 상대에게는 질 좋은 푹신한 소파에 앉게 한다는
것이다.

등과 허리를 곧게 세우기만 해도
교섭에서 상대와 대등하게 승부할 수 있다.

018
돈을 벌려고 하면 진다

+   교섭에 난항을 겪는 대부분의 이유는 서로 자신
만 돈을 벌겠다고 하기 때문이다.

상대를 설득하려는 것도 결국 서로 자신이 이익을 취하
려고 하기 때문이다.

그러면 반드시 어느 한 쪽이 타협을 해야 한다.

그러나 어느 한쪽이 일방적으로 타협을 강요받은 관계
는 반드시 양자에게 아픔이 뒤따른다.

타협을 강요받은 측은 물론이거니와, 일시적으로 이긴
것처럼 보이는 쪽도 상대에게 산 원망은 사라지지 않기
때문에 그 관계는 오래 유지되지 않는다.

우선 상대에게 돈을 벌게 해주자.

그러면 상대는 당신에게 빠져 당신을 떠날 수 없게 되
기 때문에, 결과적으로 당신이 주도권을 잡게 된다.

우선 상대에게 돈을 벌게 해서,
푹 빠지게 만들자.

말을 하는 예절

❶ 상대와의 관계, 위계 등을 파악한다.

❷ 사용해야 할 말씨와 어휘 선택을 결정한다.

❸ 감정을 평정하게 갖고 표정을 부드럽게 짓는다.

❹ 자세를 곧고 반듯하게, 공손하고 의젓하게 가다듬는다.

❺ 대화 장소의 환경과 합석한 사람의 성격을 참작해서 화제를 고른다.

❻ 조용한 어조, 분명한 발음, 맑고 밝은 음성, 적당한 속도로 말한다.

❼ 듣는 사람의 표정과 눈을 주시해 반응을 살핀다.

❽ 상대가 질문하면 자상하게 설명하고, 이견을 말하면 성의 있게 듣는다.

❾ 양해를 구해 말하기 시작하고 끝맺음을 분명히 한다.

❿ 표정과 눈으로도 말한다는 마음가짐으로 진지하게 한다.

⓫ 말이 끝나면 끝까지 들어준 것에 감사의 뜻을 표한다.

⓬ 남의 이야기 중에 무리하게 끼어들거나 남의 말허리를 끊지 말아야 한다.

⓭ 화제를 급격히 바꾸지 말고 말에 조리가 있어야 한다.

⓮ 같은 말을 되풀이하지 말고 간결하고 요령 있게 한다.

⓯ 자기 지식만 생각해 상대가 알아듣지 못할 외국어나 전문용어를 쓰지 말아야 한다.

019
교섭 전반부의 토론에서
일단 한 번 져 준다

+   교섭 중의 토론은 전부 이겨서는 안 된다.

자신의 의견이 전부 채택되지 않으면 '이 자식이⋯.'라며 원망하는 경우는 있어도, 감사하는 경우는 없다.

의견이 채택되지 않은 상대는 가령 패배를 인정한다고 해도, 실행력이 떨어지고 비협조적인 태도를 보일 것이다.

상대를 납득시키고 순조롭게 교섭을 진행하기 위해서는, 전반부의 토론에서는 상대를 추켜세워 주고 일단 한 번 져 주는 것이 좋다.

전반부에 이겨도 후반부에 역전당하면 아무 의미가 없다.

전반부에 이기게 해 주면 후반부에 당신의 주장이 쉽게 수용될 수 있다.

상대는 전반부에 자신이 한 번 이겼으니 정신적으로 동

점이라고 해석할 것이기 때문이다.

전반부의 토론에서 한 번 져 주면,
나중에 주장이 수용되기 쉬워진다.

급한 업무 수행 중 손님이 찾아왔을 때

급한 업무 수행 중 손님이 찾아왔을 때에는 자리를 권하고 나서 기다리게 한 후
업무를 최대한 빨리 처리하고 손님 응대를 하면 된다. 기다리는 사람이 지루함
과 어색함을 덜 느끼도록 사보나 그 밖의 읽을거리, 차 등을 미리 권하는 것도
좋다.

020
웃는 얼굴은 3번이면 족하다

\+   웃는 얼굴은 중요하지만 시종일관 웃고 있으면 단순히 비굴하게 보일 뿐이다.

교섭 중에 의식적으로 미소를 보이는 건 세 번이면 충분하다.

첫 번째는 교섭을 시작하면서 인사를 할 때이다.

시작하자마자 무뚝뚝한 얼굴로 대하면 아무래도 좀 서먹하지 않은가.

또한 첫인상이 좋지 않으면 중요한 이야기를 들어주지 않을 가능성도 있다.

두 번째는 교섭 중 반드시 웃어야 할 포인트가 있을 때이다.

그때 강한 인상을 줄 수 있도록 한번 웃어 보인다.

교섭을 시작하고 어느 정도 시간이 지났을 때가 좋다.

마지막 세 번째는 헤어질 때이다.

실은 이 세 번째가 가장 중요한데, 교섭 내용이 어떤 것이었든 활짝 웃는 얼굴로 인사를 건네도록 하자.

이렇게 하면 나쁜 인상을 남기지 않고 교섭을 마칠 수 있다.

헤어질 때 강한 인상을 남길 수 있는 미소로,
좋은 인상을 남기자.

3. 통솔력을 키운다

뛰어난 리더의 특징은 과거에 뛰어난 부하 직원이었다는 것이다.

뛰어난 부하 직원은 리더의 사고 패턴을 미리 예측할 수 있기 때문에 리더가 급한 용무로 갑작스럽게 자리를 비워도, 무난하게 리더의 대리 역할을 해낼 수 있다. 그 결과 리더가 승진할 때 본인도 함께 승진할 수 있게 된다. 리더의 임무가 주어지고 난 뒤에 리더의 자질을 키우려고 해 봤자 이미 늦다. 지금의 리더가 출세할 때까지가 당신이 리더의 자질을 갖춰야 하는 기한이다.

021
바쁜 사람은 가짜 리더이다

+   컨설턴트로서 크고 작은 다양한 조직을 접해보고, 확실하게 단언할 수 있는 것이 있다. 그것은 리더가 바쁘게 일하는 조직은 실적이 좋지 않다는 것이다.

일시적으로는 급상승한 것처럼 보여도, 금세 그 반동으로 실적은 하락한다.

즉, 리더가 여전히 플레이어(선수)로 자리 잡고 있는 조직은 진정한 의미에서의 조직이 아니라는 것이다. 실적이 좋은 조직의 리더는 대개 남아도는 시간을 주체하지 못하고 있다. 자유를 만끽하면서 느긋하게 사고(思考)하고 있다.

극단적으로 말하자면 우두머리인 사장이 없어도 아무 문제없이 돌아가는 조직이 가장 이상적이다.

리더가 바쁜 조직은 실적이 나쁘다.
리더가 남아도는 시간을 주체하지 못하는 조직이
발전하는 회사.

명함을 받을 때

❶ 명함을 받을 때에는 일어서서 두 손으로 받아야 한다. 한 손으로 받는 것은 상대에게 거만한 인상을 줄 수 있고 예의에도 어긋난다.

❷ 주고받는 자세만큼 중요한 것은 상대의 명함을 그 자리에서 확인하는 일이다. 혹 읽을 수 없는 어려운 한자가 있는 경우에는 물어보는 것이 좋다. 읽지 못하는 것보다 모르는 것을 그냥 넘어가는 것이 실례이다.

❸ 명함을 받자마자 보지도 않고 바로 집어넣지 않도록 해야 하며, 상대가 명함을 내밀 때 딴전을 피우지도 말아야 한다. 상대방 명함을 손에 쥔 채 만지작거리거나 탁자를 툭툭 치는 등 산만한 행동을 보여서도 안 된다.

❹ 상대방은 명함을 내미는데 '저는 명함이 없는데……' 라고 말하는 것만큼 큰 실례도 없으므로 항상 명함을 소지하도록 한다.

❺ 명함은 상대방을 아는 가장 기본적인 자료이므로 활용하는 데에 따라 효과적인 성과를 이룰 수도 있다는 점을 염두에 두자.

022

들려주는 사람이 아니라,
듣는 사람이 되라

+   '리더'라고 하면 흔히 '부하 직원에게 지시를 내리고, 자신의 말을 상대에게 들려주는 사람'이라고들 생각한다.

그러나 리더는 자신의 말을 상대에게 들려주는 사람이 아니라, 들어주는 사람이다. 부하 직원의 이야기를 가로막고 호통을 치는 사람은 진정한 리더가 아니다. 20대 동안 많은 사람의 이야기를 충분히 듣고 다양한 분야의 책을 섭렵한 사람이 30대부터 두각을 드러내는 것은 끊임없이 새로운 정보를 수집해 왔기 때문이다. 꾸준히 남의 이야기를 들어온 사람이 조직에서 바라는 리더가 된다. 반대로 자신의 이야기를 들려주는 쪽이었던 사람은 더는 발전하지 못한다.

진짜 리더란
남의 이야기를 들어주는 사람.

말을 듣는 예절

❶ 감정을 평온하게 갖고 표정을 부드럽게 하며 한눈을 팔지 않는다.

❷ 자세는 반듯하고 공손하게 한다.

❸ 말은 귀로만 듣는 것이 아니고 눈과 표정, 그리고 몸(태도)으로도 듣는다는 점을 명심한다.

❹ 상대의 말에 조용하면서도 상대가 알아보도록 반응을 보여 성의 있게 듣고 있음을 알린다. 남이 말을 하고 있을 때 엉뚱한 생각을 하고 있거나 딴청을 부리는 것은 큰 실례이다.

❺ 말허리를 자르면서 질문하지 말고 의문이 있더라도 끝까지 경청한 뒤에 양해를 구하고 질문한다.

❻ 상대의 말에 이견이 있으면 정중하게 말한 사람의 양해를 구한 후 의견을 말한다.

❼ 상대의 말을 부정하기보다는 일단 긍정한 다음에 다른 의견으로 말한다.

❽ 대화 중간에 자리를 뜰 때는 다른 사람에게 방해되지 않도록 살며시 일어나서 말하는 사람에게 묵례하고 나간다.

❾ 몸을 흔들거나 손이나 발로 엉뚱한 장난을 치지 말고 열심히 듣는다.

❿ 강연이라든지 브리핑 같은 경우에는 말을 듣는 중에 의문 나는 점은 메모한다.

⓫ 말을 하는 상대가 감지하도록 은근하면서도 확실한 청취 반응을 보인다.

⓬ 무시하는 듯한 말을 하면 즉각 반응하지 말고 시간을 두어 간접적으로 또는 우회적으로 자기의 의견을 나타낸다.

023
'좋은 아침!' 아침 인사는
항상 내가 먼저 한다

+ 인사 중에서도 아침에 가장 먼저 하는 '좋은 아침!'이 제일 중요하다. 아침 인사가 그날 하루를 결정짓는다고 생각해도 좋을 것이다. '좋은 아침!'은 팀 내 분위기를 끌어올려 업무 활성화와 성과 향상의 열쇠가 된다.

깜빡하고 '좋은 아침!'을 말하는 걸 잊었다면 그 날 하루는 버린 것이나 마찬가지다. 그렇게 되지 않기 위해서 리더는 언제나 자신이 먼저 직원들에게 '좋은 아침!'이라고 인사를 건네야 한다. 직장으로 출근하는 도중에 만난 직원이 나를 알아보지 못했다면, 내가 먼저 이름을 불러 인사를 하도록 하자.

'좋은 아침!'은 눈이 마주치고 2초가 지나면 할 수 없게 된다.

리더가 먼저 '좋은 아침'이라고 인사하기만 해도
팀 내 분위기는 활발해진다.

024
'내가 틀렸군'
자신의 실수를 빨리 인정한다

+ 리더라고 실수가 없는 것은 아니다. 오히려 도전하는 리더에게는 실수가 많다. 실수가 적은 리더는 단순히 도전하지 않을 뿐이다. 그러나 이런 리더는 막상 실수를 하면 본인의 실수를 인정하려 하지 않는다. 갖가지 이유를 찾아내서 실수의 원인을 타인에게 돌리려 한다. 그에 비해 도전하기 때문에 자주 실수하는 리더는, 실수를 했을 때 '내가 틀렸군, 미안하네.'라고 말한다. 부하 직원들은 리더의 '미안하네.'라는 말에 큰 용기를 얻는다. 평생 이 사람을 따라야겠다는 믿음이 생긴다. 이런 믿음이 리더와 직원들을 하나의 팀으로 만들어 함께 열심히 일할 수 있게 해 준다.

부하 직원은 실수를 깨달으면 바로 사과하는 리더를
믿고 따른다.

025
말끝을 흐리지 않는다

+   부하 직원들은 결단이 틀려도 좋으니 결단력 있는 리더를 따르고 싶어 한다. 말끝을 흐리지 않는 것은 결단력의 중요한 기준 중 하나이다. 애매한 표현만큼 부하 직원을 당혹스럽게 만드는 것은 없다. 애매한 표현을 사용하면 신뢰성을 크게 떨어뜨린다. 옳지만 말끝을 흐리는 것보다는, 틀려도 말끝을 확실하게 하는 것이 좋다. 자신이 부하 직원의 처지라면 이런 것쯤 누구나 알 수 있는 것인데, 리더가 되고 나면 완전히 다른 사람이 된 것처럼 잊고 만다.

'~와 같은 느낌도 들고, ~인 것 같기도 하다. 이것도 맞고, 저것도 맞다.'

이런 식으로 말하고 있지는 않은가? 그렇다면 당신은 그저 현실에서 도피하고 있는 것뿐이다.

비록 틀렸더라도,
말끝을 흐리지 말고 딱 부러지게 말할 것.

바른 인사법 : 작업 중일 때

회사에서는 일하는 도중에 상사나 손님들을 대면하게 되는 경우가 흔히 생긴다.
이때에는 일 자체가 인사를 할 정도의 여유가 있는 것이라면 상황에 맞게 가볍
게 묵례 정도를 한다. 그러나 도저히 인사를 할 수 없는 경우에는 하지 않아도
좋다. 인사를 하느라 작업의 안정성을 잃는 것보다 오히려 열심히 작업에 몰두
하는 것이 상대방을 편하게 할 수 있기 때문이다.

026
대표로 꾸중을 듣는다

+ 20대 때 상사에게 가장 많은 꾸중을 들은 사람이
30대에 리더가 된다. 당신이 상사 입장이라면 잘 알고 있
듯이, 꾸짖는 행위에는 막대한 에너지가 필요하다. 그럼
에도 불구하고 꾸짖어 주는 것이다. 꾸지람을 듣는다는
건 사랑과 기대를 함께 받고 있다는 것을 뜻한다. 몇 명을
모아서 꾸짖을 때 누군가 한 사람이 대표로 당하는 경우
가 있다. 대표로 꾸지람을 듣는 사람은 운이 나쁜 것이 아
니라, 동기 중에 가장 사랑받고 있는 기대주이다. 반면에
선택받지 못한 사람은 주전 선수가 아니라 후보 선수나
마찬가지이다. 어차피 꾸지람을 들어야 한다면 적극적으
로 대표가 되어 꾸지람을 듣도록 하자.

꾸지람을 듣는 것은 기대를 받고 있다는 증거이다.
대표로 꾸지람을 듣는 사람이 차기 리더이다.

바른 인사법 : 출퇴근할 때

인사는 습관화되어야 한다. 아침에 출근해서 하는 밝고 명랑한 인사는 일하는
데 있어 활력소가 된다. 먼저 퇴근할 때에도 남아 있는 동료에게 인사를 하고 가
는 정도의 예의는 지켜야 한다.

출퇴근할 때 인사는 가벼운 묵례보다는 인사말을 곁들여 하는 것이 좋다. 아무
런 언어 표현 없이 고개만 꾸벅하기보다는 밝고 명랑한 미소를 지으며 간단한
인사말을 곁들일 때 상대방에게 더욱 좋은 이미지를 전달할 수 있을 것이다.

027
어느 쪽이든 상관없는 것은
입에 담지 않는다

+ 　　　세상에는 말을 하건 안 하건 어느 쪽이든 상관없
는 경우는 없다. 말해야 할 것과 말하지 말아야 할 것, 어
느 한 쪽 밖에 존재하지 않는다. 리더는 주절주절 떠드는
사람이 아니다. 일시적으로는 상대에게 상처를 준 것처럼
보여도 해야 할 말은 확실하게 하는 사람이다. 또 비록 일
시적이라도 해서는 안 될 말은 하지 않는 사람이다. 이와
반대되는 행동을 하면 리더로서 조직을 이끌어갈 수 없
다. 가장 무의미한 것은 말을 해도 그만, 안 해도 그만인
사항에 대해 끝도 없이 이야기하는 것이다. 5분이면 끝날
미팅을 1시간 이상 질질 끄는 사람은 리더로서의 자격이
없다.

말해야 할 것과 말하지 않아도 될 것은
확실하게 구별하자.

외부인 접객 예절

회사 방문객에 대한 정중함은 회사에 대한 호의와 직결된다. 그러므로 방문객을
접했을 때에는 자신이 주는 인상이 회사의 이미지에 영향을 끼친다는 점을 염두
에 두고 항상 정중하고 친절해야 한다.

일하면서 손님을 맞는 태도, 손님의 질문에 곁눈질로 대답하는 태도, 동료와 잡
담을 하거나 전화로 이야기하면서 인사를 하는 손님에게 답례하지 않는 태도 등
은 상대방을 불쾌하게 할 뿐 아니라 회사의 이미지를 손상할 수도 있다. 일부러
찾아온 상대방의 수고를 생각하고 누구에게나 성의있게 대하는 인상을 주도록
한다.

028
성격이 느긋한 사람은
리더가 될 수 없다

\+ 조직에서 가장 성격이 급한 사람이 리더로서 적격이다. 물론 성격이 급하다고 해서 언제나 소리치고 화를 내서는 안 된다. 급한 성격의 에너지를 조직의 성장과 서비스 향상을 위해 써야 한다. 성격이 급하다는 것은 조직에서 가장 사소한 부분을 눈치 챌 수 있다는 것이기도 하다. 이런 리더만이 부하 직원들이 지나치기 쉬운 실수를 눈치 챌 수 있다. 이런 리더는 조직이 해이해지거나 서비스가 소홀해지는 것을 결코 용서하지 않는다. 상처가 커지기 전에 모든 악의 근원을 잘라내서 조직의 성장을 방해하지 않는다. 본인의 성격이 느긋하고 원만하다고 생각하는 사람은 반드시 주의해야 한다. 느긋한 성격이 자랑인 사람은 요주의 인물이다.

성격이 급한 리더가
조직의 실수나 해이해짐을 눈치 챈다.
급한 성미야말로 리더의 조건이다.

올바른 자세

❶ 머리 : 머리를 흔드는 것은 꼴불견으로 시선이 고정되지 않을 뿐만 아니라 좋은 인상을 줄 수 없다. 위에서부터 발끝까지가 하나의 선으로 연결된 듯한 느낌으로, 동시에 턱과 지면이 평행을 유지하도록 한다.

❷ 어깨 : 긴장감을 갖는 것도 좋지만 어깨에 지나치게 힘이 들어가 있으면 보는 사람이 피곤하다. 좌우의 높이가 같도록 몸을 풀자.

❸ 양손 : 대기할 때에는 손을 포갠다.

❹ 발 : 발의 움직임은 뜻밖에 눈에 잘 띈다. 똑바로 서 있는 경우, 양발 뒤꿈치를 붙이고, 발끝은 50~60도 정도로 벌린다.

❺ 등 : 등을 쭉 펴는 것이 기본이다. 옆에서 봤을 때 귀-어깨-허리-무릎-복사뼈-뒤꿈치가 일직선이 되도록 한다.

029
서툴러도 포기하지 않는다

+ 일이 서투르고 기억력이 좋지 않으면 리더가 될 수 없을 거라 걱정하는 사람은 많다. 그러나 천만에 말씀이다. 일이 서투르고 기억력이 좋지 않아도 포기만 하지 않으면 리더가 될 가능성은 충분하다. 리더가 된 후, 자신이 멀리 돌아온 만큼 모든 부하 직원의 마음을 헤아릴 수 있기 때문이다. 반대로 일을 잘하고 기억력이 좋은 사람은 주의해야 한다. 일을 잘하고 기억력이 좋은 사람은 최단 코스밖에 모르기 때문에, 리더가 되어도 부하 직원의 마음을 잘 헤아리지 못한다. 모든 상황을 '머리가 나빠서', '모자란 인간'으로 정리해버리기 때문에 결국엔 자신도 정리해고당하고 만다.

일이 서투른 사람은 멀리 돌아오더라도,
진정한 리더가 될 수 있다.

서열을 정하는 순서

❶ 부부동반일 때 부인의 서열은 남편과 같다.
❷ 나이를 중시한다.
❸ 미혼 여성은 기혼 여성보다 서열이 낮다.
❹ 외국인을 상위로 한다.
❺ 높은 직위 쪽의 서열을 따른다.
❻ 남성보다 여성을 우대한다(단, 남성이 한 나라의 대표 자격으로 참석한 경우
   에는 예외).
❼ 주빈을 존중한다.

030
우선 한 사람을
완벽한 내 편으로 만든다

+   부하 직원이 여럿인 경우, 전원에게 사랑받는 것
은 불가능하다. 굳이 미움 받을 필요도 없지만, 모두에게
사랑받을 필요도 없다. 조직을 관리하기 위해서는, 우선
단 한 명의 부하 직원이라도 철저하게 교육시켜야 한다.
자신과 잘 맞고 열의가 있는 사람이 좋다. 그런 부하 직
원을 자신의 복제품으로 보일 정도로 교육시키는 것이
다. 이걸로 조직 관리의 절반은 해결한 셈이다. 그 후에
는 이 부하 직원을 서브 리더로 내세워 다른 부하 직원들
을 육성하게 하면 된다. 물론 모든 일에 있어서 서브 리
더를 가장 먼저 지원하고, 적극적으로 승진 기회를 제공
해야 한다.

우선 단 한 명의 부하 직원이라도
철저하게 교육시켜두면
조직 관리의 반은 성공한 것이나 다름없다.

4. 결단력을 키운다

인생을 바꾸게 되는 계기가 있다. 어떤 실수로 인해 평상시의 자신과는 다른 선택을 하게 되었을 때이다. '미용실에서 우연히 집어든 잡지에서 인생을 바꾸는 문장 한 줄과 만났다.', '별 뜻 없이 원래 타야 할 전철보다 한 대 앞의 전철을 탔다가 인생을 바꿔 줄 사람과 만났다.' 한번 이런 쾌감을 맛본 사람은, 이제까지의 자신이라면 결코 하지 않았을 선택을 하게 된다. 인생은 매일 매일이 이런 결단의 연속이다. 인생을 바꾸고 싶다면, 지금 눈앞에 놓인 작은 결단부터 바꿔나가자.

031
'~시쯤 찾아뵙겠습니다'에서 탈피하자

+ 　　결단력을 기르는 데에는 대단한 용기가 필요한 것은 아니다. 일상의 무심한 한마디를 바꿔가는 걸로도 충분하다. 예를 들면 세일즈맨들이 자주 쓰는 말 중에 '~시쯤 찾아뵙겠습니다.'라는 것이 있다. 이 말은 비겁한 표현인데다가, 결단력을 약하게 만드는 최악의 입버릇이다. '~시쯤'이라고 말하는 사람은 대개 약속 시간보다 늦게 도착하거나 너무 빨리 도착해서 상대에게 폐를 끼치곤 한다. 무엇보다도 '~시쯤'이라는 애매한 표현을 사용함으로써 행동에 맺고 끊음이 없어 보인다. 이런 사람들은 지각을 해도 '그러니까 ~시쯤이라고 하지 않았습니까?'라고 말할 변명의 여지를 만들고 있는 것이다. 사람은 딱 부러지게 말하지 않으면 결단을 할 수 없다.

딱 부러지게 '몇 시에 찾아뵙겠습니다.'라고
말하기만 해도 결단력은 높아진다.

032

맘이 맞지 않는 사람과의 성공보다
맘이 맞는 사람과의 실패가 낫다

+　　　어떤 제안을 받아들일지 말지 최종 결정을 할 때 중요한 것은 성공률이 아니다. 성공 여부로만 결단을 내리다 보면, 하나 둘 파트너들은 떠나가게 되고 결국 아무도 남지 않게 된다. 애초에 이 세상에는 성공률 100%의 일은 존재하지 않는다. 만약 100%의 성공률을 강조하면서 접근해오는 사람이 있다면 그는 사기꾼이다. 모든 사람은 눈앞의 제안을 받아들일지 말지를 좋고 싫음으로 결정한다. 그게 올바른 결단이다. 일이란 맘이 맞지 않는 사람과 성공하는 것보다 맘이 맞는 사람과 실패하는 편이 즐겁다. 바꿔 말하면 '이 사람과 함께 일해서 실패하는 거라면 어쩔 수 없어.'라고 생각할 수 있는 사람을 목표로 해야 한다.

'비록 실패할지라도 이 사람과 함께 일하고 싶다.'라고
생각되면 성공.

바른 말씨와 어휘 2

❸ **보통말씨 : ~하게**
친구 간이나 아랫사람이라도 대접해서 말하려면 보통말씨를 쓴다. 말의 끝맺음이 '게'와 '나'로 끝난다.
예) "여보게, 그렇게 하게", "자네 언제 왔나?"

❹ **반낮춤말씨 : ~해**
낮춤말씨를 써야 할 상대이지만 그렇게 하기가 거북하면 반낮춤말씨를 쓰는데 이것을 '반말'이라고도 한다.
예) "이렇게 해", "언제 왔어?"

033
결단에 근거는 필요치 않다

+ 사실 결단의 단계에서 근거 같은 건 필요하지 않다. 이미 마음속으로 어느 쪽을 택할지 결정해놓고, 고민하는 척 하고 있는 것이다. 대개는 선택 사항의 어느 쪽인가에 '세간의 이목'이 섞여 있다. '세간의 이목'이란 본래의 자신의 진심이 아니라, 주위의 시선에 신경을 쓴 명분에 불과하다. 실은 이혼하고 싶은데 '세간의 이목' 때문에 참는다. 사실은 직장을 그만두고 독립하고 싶은데 '세간의 이목' 때문에 참는다. 정말 내가 하고 싶은 건, 세상 사람들에게 웃음거리가 되는 다른 한 쪽의 선택 사항이다. 근거를 생각하는 척하지만 결국은 세간의 이목을 무시할 수 있는가 없는가의 문제인 것이다.

진정한 결단은 '세간의 이목'을
무시할 수 있는가 없는가에 달려 있다.

034
판단은 논리적으로,
결단은 감정적으로 한다

+ 　　판단과 결단의 차이를 명확하게 해 둘 필요가 있다. 판단은 논리적으로 해야 하며, 주위 사람과 상담하거나 정보를 수집하는 등 스스로 납득할 수 있을 때까지 한다. 판단은 그 방면의 프로의 생각과 반드시 일치한다. 한편 결단은 판단한 여러 개의 선택 사항을 하나로 좁히는 것이다. 바꿔 말하면 프로의 눈으로 봤을 때 올바른 선택 사항을 버리는 작업이기도 하다. 모두 옳은 선택 사항 중에 하나를 택하는 결단을 내릴 때는 좋고 싫다는 감정으로 결정해도 좋다. 당신은 여러 개의 선택 사항 중에 '비록 실패해도 후회하지 않을 것'으로 결단을 하면 된다. 결코 다수결로 결정해서는 안 된다.

옳은 선택 사항 중에 결단을 내릴 때는
좋고 싫음으로 결정해도 좋다.

035
0초 만에 결단을 내리는 사람에게 자극을 받는다

+ 　　　논리적으로 파고들어야 하는 판단 단계에서는 시간이 얼마가 걸려도 좋다. 그러나 감정적으로 결정하는 결단 단계에서는 스피드가 생명이다. 빠른 결단이 모두 정답이고, 늦은 결단은 모두 오답이다. 결단의 속도를 높이기 위해서는 우선 0초 만에 결단을 내리는 사람을 만나야 한다. 일을 잘하는 사람은 하나같이 결단하는 속도가 빠르다. 사내외에서 초인적으로 일을 잘 하는 사람을 한 명 찾아내서, 그 사람이 결단하는 모습을 관찰해 보자. '이 세상에는 생각하지 않고 결정해버리는 사람도 있구나!' 이런 초인을 눈으로 확인하고 나면 자신이 얼마나 결단력이 부족한지 깨달을 것이다. 그날 이후 당신은 결단의 스피드를 의식하지 않을 수 없게 될 것이다.

빠른 결단은 모두 정답.
늦은 결단은 모두 오답.

036

결단에 실수 같은 건 없다.
지각만이 있을 뿐이다

+ 　　모든 결단에서의 실수는 지각이 원인이다. 그 자리에서 속단속결하지 않는 결단은 모두 지각이다. TV에서 종종 경영자의 결단 실수에 대해 다루는데, 결단에 실수 같은 건 없다. 재빠르게 결단을 하면, '큰일 났어!'라고 위기를 직감한 순간에 궤도 수정을 할 수 있는 시간이 남아 있다. 그러나 결단이 늦어지면 이미 궤도 수정을 할 수 있는 시간이 남아 있지 않다. 이것이 바로 결단의 지각이다. 판단 단계에서 충분히 검토했는데, 아직 검토해야 할 것이 남아 있다는 건 사전 준비가 부족했다는 증거이다. 다시 말하지만, 판단에는 충분히 시간을 들여야 하지만 결단에는 시간이 걸려서는 안 된다.

재빠르게 결단하면
실수가 생겨도 궤도 수정이 가능하다.

피해야 할 말

❶ 상대방이 듣기에 곤란하거나 난처한 말은 피한다.
❷ 상대방이 대답하기 곤란한 질문은 될 수 있는 대로 피한다.
❸ 지나친 자랑을 늘어놓음으로써 듣는 사람에게 거북함이나 열등감을 느끼지 않도록 한다.
❹ 상대방을 무시하는 듯한 말과 위압적인 말을 삼간다.
❺ 여성에게는 프라이버시에 속하는 나이나 신체 등에 대해 묻지 않는다.
❻ 상대방의 열등감을 자극할 말이나 상대방이 콤플렉스를 느끼는 화제는 피한다.
❼ 상대방의 입장을 고려하지 않고 밀어붙이기식의 공격적인 화법은 피한다.
❽ 상대방의 감정과 기분을 도외시한 일방적인 말은 피한다.

037

결단은 버스와 같다.
결단이 늦어지면 점점 더 뒤처진다

+   리더가 결단이 느리다는 것은 자살 행위와도 같다. 세상에는 두 가지 인간만이 존재한다. 하루에 100개를 결단할 수 있는 사람과 단 하나도 결단하지 못하는 사람이다. 그 차이는 우주의 빅뱅처럼 계속해서 커져간다. 100개를 결단할 수 있는 사람은 차근차근 꿈을 실현시켜 가지만, 단 하나도 결단하지 못하는 사람은 줄곧 신통치 못한 인생을 살게 된다. 늦은 결단이라는 건 뒤처진 버스와 같다. 하나의 결단이 늦어지면, 다음 결단이 늦어지는 악순환이 반복된다. 늦은 결단이 눈덩이처럼 불어나면서 자신뿐만 아니라 타인의 인생까지도 엉망으로 만들어 간다.

100개를 결단내릴 수 있는 사람만이
차근차근 꿈을 이뤄갈 수 있다.

자신만만하게 행동하면 자신감이 생긴다

❶ 말할 준비를 해라.
준비되어 있지 않은 상태에서 자신감이 생기기를 바라는 것은 모순이다.

❷ 말하기 전 30초 동안 심호흡을 해라.
크게 심호흡을 하면 떨리는 마음이 진정되고 용기가 솟는다.

❸ 앞에 있는 사람들에게 받을 돈이 있다고 생각하라.
듣는 사람들이 당신에게 채무를 지고 있고 빚을 갚을 날짜를 연기해 달라고
사정하기 위해 모였다고 상상을 하면 마음이 한결 가벼워지고 자신감이 생
긴다.

❹ 자신감 넘치고 용기 있는 사람의 말을 들어보라.
당신에게 모범이 될 수 있는 사람의 이야기를 듣게 되면 많은 도움을 받을 수
있을 뿐만 아니라 심적 부담을 줄일 수 있다.

❺ 주변 사람들에게 테스트하라.
주변 사람들에게 몇 번 테스트하다 보면 말하기에 자신감이 생긴다.

038

하루에 결단하는 횟수는
그 사람의 연 수입과 비례한다

+ 　　결단을 내릴 수 있게 되면 그 결과로 연 수입이
비약적으로 증가한다. 결단을 하지 못하는 사람의 연 수
입은 언제나 제자리걸음이다. 예를 들어 30대 샐러리맨이
연봉 1억 엔을 받는 건 일부를 제외하고는 거의 불가능하
다. 그러나 샐러리맨을 그만두고 사업을 하기로 결단을
내리면 연 수입 1억 엔은 불가능하지 않다. 물론 사업을
하라고 부추기는 것은 아니다. 어떤 직업이건 아주 세세
한 결단을 포함해서, 눈앞에 놓인 결단을 피하지 않는 자
세가 그 사람의 연 수입을 결정한다는 것이다. 자신의 연
수입을 늘리고 싶은 사람은 자격 시험에 매진하기보다 하
루에 결단하는 횟수를 늘려가도록 하자.

눈앞에 놓인 결단을 피하지 않는 것이
연 수입을 늘리는 지름길.

039

주위 사람들이 어이없어하는
결단일수록 당신을 성장시킨다

+   결단력을 키우는 훈련 중에 가장 자신을 크게 성
장시킬 수 있는 것은 주위 사람들을 어이없게 만들어 보
는 것이다. 당신의 결단이 받아들여지건 거절당하건, 그
런 건 그다지 상관없다. 당신 자신이 본인의 진심을 확실
하게 말했다는 사실이 중요하다. 여기에서 중요한 것은
'이번에는 사람들을 어이없어하지 않게 해야지.'라고 공
포감을 갖는 것이 아니다. 진심을 말하면 어이없어하는
경우도 있다는 걸 알아두는 것이다. 코페르니쿠스도, 에
디슨도, 라이트 형제도 모든 영웅들은 주위 사람들을 어
이없게 만든 경험을 갖고 있다. 이제 당신이 영웅이 될 차
례이다.

주변에서 어이없어해도
진심으로 결단할 수 있는 사람이 영웅이 될 수 있다.

예를 들어 말하라

❶ 인간미를 불어넣는다.
실례 속에 등장하는 주인공의 성격, 과거와 현재, 중요한 사건 등 한 사람의 인생을 이야기하듯이 세밀하게 묘사해야 설득력이 높아진다.

❷ 자신의 환경이나 체험을 적극적으로 활용한다.
인간미를 불어넣고 실례를 구체화하는 것은 말하는 사람의 체험이다. 대다수 사람이 자신의 경험을 토대로 실례를 드는 것이 적당하지 않다고 생각하는데 이것은 고정관념이다

❸ 이름을 써서 이야기를 구체화한다.
불가피하게 익명을 써야 할 경우를 제외하고 실례 속에 등장하는 인물은 될 수 있는 대로 실명을 거론하는 것이 이야기의 생동감을 살리는 데 도움이 된다.

❹ 세부적인 것을 확실히 밝힌다.
'언제? 어디서? 누가? 무엇을? 어떻게? 왜?'라는 육하원칙에 따라 구체적으로 말을 하면 이야기는 생명력을 얻는다.

❺ 대화를 넣어 이야기를 극적으로 만든다.
실례를 들 때 직접적인 대화 내용을 인용하면 극적인 효과를 살릴 수 있다.

❻ 온몸을 이용해 시각화한다.
사람이 얻는 지식의 85퍼센트 이상이 눈을 통해 받아들여진다는 말이 있을 만큼 실례를 시각화하는 것은 중요하다.

040
계획서를 쓰고, 속이지 않는다

+ 가장 결단을 방해하는 것은 계획서이다. 계획서는 연장서의 다른 이름이기도 하다. 아무리 시간이 흘러도 꿈을 실현하지 못하는 사람은 대개 계획서를 쓰는 것을 좋아한다. 계획서를 작성하는 쪽이 결단하는 것보다 두렵지 않기 때문이다. 계획서는 결단을 내린 후에 써도 충분하다. 성공하는 사람들은 계획서를 쓰다 말고 도중에 달려 나가기 시작한다. 복사 용지에 갈겨쓴 계획서를 책상 위에 버려두고 꿈을 실현시켜 나간다. 예쁘게 정성들여 여름방학 계획표를 만들어 놓은 학생일수록 정작 공부는 하지 않는다.

계획서를 만들어 놓고 만족만 하고 있다면
평생 꿈을 실현할 수 없다.

대화의 진실성을 가늠하는 잣대, 시선

❶ 신뢰의 눈길로 상대와 잠깐 마주친다.
 똑바로 바라보며 말을 하면 상대방은 불편함을 느끼고 빨리 그 상황에서 벗어
 나려고 한다. 그러나 신뢰의 눈길로 상대의 눈을 잠깐 바라보면 부담감을 느
 끼지 않고 당신의 이야기에 귀를 기울인다.
❷ 강조할 때에는 상대방의 눈을 바라본다.
 이야기의 핵심을 말할 때 상대방의 눈을 바라봐주면 당신의 이야기에 더욱 집
 중한다.
❸ 상대방을 편안하게 바라본다.
 말을 할 때 시선이 불안하면 상대방이 편안함을 느끼지 못한다.

5. 돌파력을 키운다

'토끼와 거북이'라는 우화가 있다. 토끼는 거북이보다 순발력은 훨씬 좋지만 돌파력이 부족했다. 거북이는 토끼보다 순발력은 턱없이 부족했지만 돌파력이 강했다. 돌파력이라고 하면 다들 순발력이 결정적 수단이라고 생각한다. 인생에 있어서 순발력으로 돌파할 수 있는 것은 얇은 벽뿐이다. 두꺼운 벽을 돌파할 수 있는 힘은 지속력이다. '낙숫물이 돌을 뚫는다.'는 속담처럼 초조해하지 말고 서두르지 않는 것이 진정한 돌파력이다.

041
1번 나는 것보다
100번 나는 것이 쉽다

\+ 　　　롤러코스터나 번지 점프도 처음 탈 때가 가장 무섭다. 한 번 경험한 사람이 두 번째 경험하는 것보다도, 경험한 적 없는 사람이 처음 경험할 때 공포가 훨씬 크다. 한 번도 경험한 적이 없는 만큼 공포에 대한 상상은 머릿속에서 무한대로 커져간다. 그러나 막상 경험해 보면 대개는 상상했던 그 공포는 도대체 무엇이었을까 싶을 정도로 시시한 경우가 많다. 그걸 경험할 수 있기 때문에 한 번 도전해볼 만한 가치가 있는 것이다. 따라서 한 번 경험한 사람은 두 세 번 경험하면서 점점 익숙해지기 때문에, 자신도 모르는 새 100번을 경험하게 되고 베테랑이 되어 점점 앞으로 나아간다.

일단 무조건 도전해 보자.
그것이 공포심을 이길 수 있는 가장 좋은 방법이다.

042

거절당해도 발끈하지 않는다

+ 목표를 달성하기 위해서는 도중에 만나는 벽을 돌파해야 한다. 이때 가장 필요한 것은 벽 앞에서 발끈하지 않는 것이다. 목표를 향해 가는 길에는 성격이 고약한 고객이나 고지식한 상사 등 다양한 벽이 존재한다. 그런데 그런 벽 앞에서 발끈 화를 내면 그 시점에서 게임은 끝이다. 발끈 하지 않으려면 어떻게 해야 할까. 그건 가장 높은 곳에서의 시선으로 사물을 내려다보는 것이다. 마치 자신이 신이 된 것처럼, 눈앞의 벽에서 우왕좌왕하는 모습을 하늘에서 내려다보는 것이다. 전망대에 오르거나 등산을 했던 경험이 있는 사람은 알겠지만, 마음에 여유가 생긴다. 그때의 감각을 자신의 머릿속에서 만들어 내보자.

가장 높은 곳에서의 시선이
벽을 돌파하는 열쇠.

웃음 7계명

❶ 크게 웃어라.
　최고의 운동법으로 매일 1분 동안 크게 웃으면 8일을 더 산다.

❷ 일어나자마자 웃어라.
　이른 아침의 웃음은 보약만큼 좋다.

❸ 즐거운 생각을 하며 웃어라.
　즐겁게 웃으면 즐거운 일이 생긴다.

❹ 함께 웃어라.
　혼자 웃는 것보다 33배 이상 효과가 좋다.

❺ 힘들 때 더 웃어라.
　진정한 웃음은 힘들 때 웃는 것이다.

❻ 한 번 웃고 또 웃어라.
　웃지 않고 하루를 보낸 사람은 그날을 낭비한 것이다.

❼ 꿈을 이룬 모습을 상상하며 웃어라.
　꿈과 웃음은 한집에 산다.

043
바람기를 잠재우면 돌파할 수 있다

+ 　　돌파하지 못하는 이유는 하나에 집중하지 못하기 때문이다. 하나에만 집중해서 끝이 바늘처럼 뾰족해지면 돌파할 수 있다. 돌파하지 못하는 사람은 대개 끝이 뭉툭해서 돌파하려 해도 벽을 뚫지 못하고 튕겨져 나오고 만다. 끝이 뭉툭하다는 건 하나에 집중하지 못하고, 여기저기 흘끔거리며 이것저것 다발로 들고 있기 때문이다. 목표를 하나로 응축시킨 사람은 1지망만을 보고 있지만, 여러 가지를 다발로 들고 있는 사람에게 1지망은 보이지 않는다. 1지망만을 보고 정면으로 맞서고 있는 사람과 2지망에서 100지망까지를 전부 놓지 못하고 힘겨워하고 있는 사람은 처음부터 승부가 되지 않는다. 여기저기 바람을 피우는 사람은 돌파하지 못한다.

여기저기 흘끔거리며 바람을 피우는 사람은
1지망 하나만을 보고 있는 사람을 당해낼 수 없다.

기선 제압의 효과

❶ 반복적인 문구나 상투적인 말은 자제한다.
똑같은 문구를 반복 사용하거나 누구나 이미 빤히 알고 있는 내용으로 시작하면 사람들은 당신의 이야기에 귀를 기울이지 않는다.

❷ 자신 없는 태도를 보이지 않는다.
화술에 능하지 못한 사람은 대부분 말을 시작하기에 앞서 '여러 사람 앞에서 얘기하는 것이 워낙 서툴러서'라며 첫마디를 하는 경우가 많다. 이러한 태도는 스스로 사람들의 흥미를 떨어뜨리는 것과 같다.

❸ 화제를 선택한 경위에 대해 설명하지 않는다.
몇몇 사람들은 지루하게 화제를 선택하게 된 과정을 설명하는 때도 있다. 사람들은 화제를 선택하게 된 경위가 아니라 내용을 궁금해한다.

❹ 부실하게 준비를 했다고 말하지 않는다.
지나친 염려로 준비를 충분하게 하지 못했다고 고백하는 사람들이 있는데 이는 스스로 실패를 키우는 일이다. 일부러 고백하지 않더라도 시간이 지나면 준비를 하는 데 얼마나 많은 시간과 노력을 할애했는지 알게 된다.

❺ 설교하지 않는다.
목사가 설교하듯 지루하게 이야기를 시작하면 사람들의 집중력은 떨어진다.

❻ 육하원칙의 물음에 대답할 수 있는 말로 시작한다.
'누가?' '언제?' '어디서?' '무엇을' '어떻게' '왜'의 질문에 대답할 수 있는 말로 이야기를 시작하면 충분히 기선을 제압할 수 있다. 이 방법이 가장 오래된 의사 전달의 수단이었던 것은 다 그만한 이유가 있다.

044
진심을 다해 싸우면 돌파할 수 있다

+ 　　돌파하지 못하는 사람에게는 명분이 많다. 명분이란 거짓말의 또다른 이름이다.

　말에 거짓이 많으면 행동에도 거짓이 많아져서 인생이 전부 거짓으로 점철되어 간다. 거짓말을 하면 벌을 받기 때문에 해서는 안 되는 것이 아니다. 거짓말을 하면 자기 자신이 거짓말이란 걸 가장 잘 알기 때문에, 의욕이 사라지고 모든 행동이 둔해져 돌파하지 못하게 된다. 반대로 언제나 진심을 다해 싸우는 사람은 강하다. 말과 행동이 일치하기 때문에 행동이 민첩해져서 쉽게 돌파한다. 진심으로 승부를 하면 진심에 공감한 사람들의 지지가 덤으로 따라온다. 그러므로 언제나 진심으로 뭉친 집단이 강한 것이다.

진심으로 승부를 하면,
행동에 민첩성이 생겨서 쉽게 돌파할 수 있다.

인내심을 가지고 설득하라

❶ **문제를 제기할 때나 추궁을 할 때 공개적인 자리에서 하는 것은 금물이다.**
여러 사람이 보는 앞에서 문제를 지적받으면 진심으로 반성하기보다는 반감이
생긴다. 여러 사람 앞에서 지적당하는 것을 기분 좋게 받아들일 사람은 없다.

❷ **다른 사람과 비교해서는 안 된다.**
추궁하거나 조언할 때 다른 사람과 비교하는 때도 있는데 이는 상대방에게
불쾌감을 준다. 따라서 설사 사실이라 하더라도 다른 사람과 비교하는 것은
금물이다.

❸ **한 번에 한 가지 결점만 지적하라.**
선의를 가지고 한 말이라도 여러 가지 결점을 한꺼번에 끄집어내 말하면 상대
방은 당신으로부터 무시당하는 느낌을 받아 마음을 열지 않는다.

❹ **해결 방법을 제시하라.**
솔직한 조언이라도 결점을 해결할 수 있는 대안을 제시하지 못하면 상대방은
당신의 말에 설득당하지 않는다.

❺ **상대방의 말을 부정적으로 단정 지어선 안 된다.**
상대의 행동에는 반드시 그렇게 해야만 했던 필연적인 이유가 있을 것이다.
이러한 배려 없이 부정적으로 단정 지어 말을 하면 상대방의 마음에 상처를
주게 된다.

045
돌파력은 순발력이 아니라
지속력이다

+ 　　　강행 돌파라는 단어 때문에 돌파하기 위해서는 순발력이 필요하다고 생각하기 쉽다. 그러나 순발력으로 몇 번 강행 돌파를 할 수 있어도, 지속력이 부족하면 더는 돌파가 불가능하다. 힘껏 돌파를 했는데 기력이 소진되어 더 이상 앞으로 나아가지 못하면 게임은 바로 끝이 난다. 순발력은 끊임없는 훈련을 통해 얻어지는 것이기 때문에, 초반에 순발력을 발휘해야 한다고 생각하면 돌파할 수 없다. 단거리 선수와 같은 인재보다, 다소 서투르더라도 소걸음처럼 착실하게 앞으로 나아가는 인재가 결국 돌파에 성공한다. 돌파하고 싶다면 순발력이 아니라 지속력을 키우자.

순발력만으로 돌파하면,
단발로 끝이 난다.

잡담도 전략적으로 하라

❶ **타이밍을 잘 맞춘다.**
상대방이 여유로울 때 이야기를 해야 한다. 상대방이 정신없이 바쁠 때 잡담
을 시도하면 그 효과를 얻을 수 없을 뿐만 아니라 눈치 없는 사람이라는 인상
을 심어줄 수 있다.

❷ **상황에 맞게 사용한다.**
상황에 맞지 않는 잡담을 시도하면 실없는 사람이라는 이미지를 줄 수 있다.
가령 경제 정책에 관한 이야기를 하는 자리에서 유명 연예인에 대한 잡담을
늘어놓는다고 상상해보라. 꽃 가게에서는 꽃, 서점에서는 책에 관 이야기를 해
야 잡담의 효과를 볼 수 있다.

❸ **장소에 맞게 사용한다.**
장소에 맞지 않는 잡담은 상대방에게 불쾌감을 준다. 장례식장에서 사적인 계
약 이야기를 하는 사람에게 어느 누가 호의를 느끼겠는가.

046

타인과 경쟁하는 사람은
돌파하지 못한다

+   인생은 오랜 시간이 걸리는 장기전이다. 돌파를 하려면 도중에 호흡곤란을 일으켜서는 안 된다. 도중에 호흡이 가빠지는 사람은 경쟁 상대가 타인이라는 공통점을 갖고 있다. 타인을 경쟁 상대로 삼는 한, 돌파는 불가능하다. 타인을 이기고 나면 그걸로 힘이 빠져 녹초가 될 것이다. 또한 타인을 이길 수 없다고 깨달으면 그대로 기가 꺾이고 말 것이다. 돌파하는 사람은 항상 자기 자신과 경쟁한다. 토끼는 거북이와 경쟁을 했기 때문에, 거북이를 이겼다고 생각한 순간에 긴장이 풀려 낮잠을 자고 말았다. 거북이는 자신이 골인 지점에 도착하는 것만 생각했기 때문에 돌파할 수 있었다.

돌파하는 사람의 경쟁 상대는
언제나 자기 자신이다.

047

온리 원보다 넘버 원을 목표로 하라

+ 처음부터 온리 원을 목표로 하는 사람은 돌파할 수 없다. 이런 사람은 단순히 넘버원을 목표로 할 용기가 없어서 온리 원을 외치고 있을 뿐이다. 온리 원은 어디까지나 결과이지, 목표로 삼을 것은 아니다. 어떤 분야이건 처음에는 정정당당히 넘버 원을 목표로 하고, 그 과정에서 온리 원을 발견하는 것이 올바른 방법이다. 패배의 억울함을 경험한 적이 없는 온리 원은 진정한 온리 원이 아니기 때문에 금방 무너질 수밖에 없다. 사람은 패배를 경험하면서 '나에게는 이것뿐이다.'라는 지성을 길러 간다.

넘버 원을 목표로 패배를 경험해 온 사람만이
그 분야에서 온리 원이 될 수 있다.

경험담을 말하라

❶ 실제 일어났던 일을 말하게 되면 따로 말할 내용을 찾는 수고를 줄일 수 있다.
대부분의 실례는 경험에서 비롯된 것이기 때문에 아무 준비가 되어 있지 않아
도 이야기가 술술 나온다.

❷ 불안을 몰아내고 이야기를 흥미롭게 진행할 수 있다.
실례를 들면 말할 거리가 충분하므로 본능적에 따라 여유로운 마음을 가지게
된다. 여유는 이야기에 재미를 더할 수 있는 묘안을 떠오르게 한다.

❸ 즉시 청중의 관심을 이끌어낼 수 있다.
청중은 다른 사람의 경험담에 관심이 많으므로 사소한 이야기일지라도 사람들
의 주의를 환기할 수 있다.

048
처음에는 혼자 해 본다

+ 　　　돌파하는 사람은 무리지어 있지 않는다. 무슨 일을 시작할 때 처음부터 사람들을 모아서 하려는 사람은 돌파하지 못한다. 다수의 벤처기업이 설립되었을 때, 친목회처럼 복수의 대표자를 내세워 시작한 곳은 모두 실패했다. 시작은 반드시 혼자서 해봐야 한다. 혼자서 해 보고 어떤 형태가 완성된 후에 동료들을 모으는 것이라면 아무 문제가 없다. 혼자 힘으로 일어선 사람이 최고 책임자가 되어 나중에 편승한 동료들에게 확실하게 서열을 매길 수 있기 때문이다. 혼자 시작하는 것이 불안하다고 해서 '모두 함께'하거나, '모두 최고'로 만들려고 하면 돌파할 수 없다.

함께하면 무섭지 않다는 생각이
돌파를 불가능하게 만드는 가장 큰 요인이다.

그 자리의 특수성을 고려하라

❶ 청중을 파악한다.
  앞에 있는 사람들이 어떤 부류이며, 무슨 일을 하고 있는지 등을 파악하는 일은 곧 모임의 특수성과 분위기를 고려하는 일이다.

❷ 모임이 열리게 된 동기를 파악한다.
  모임의 주제를 아는 것은 그 자리의 특수성을 파악하는 데 결정적인 역할을 한다.

❸ 다른 사람들의 말을 주의 깊게 듣는다.
  다른 사람의 말을 주의 깊게 듣다 보면 장소의 분위기를 정확하게 파악할 수 있다.

049
돌파하는 사람은 힘을 빼고 담담하게 살아간다

+   차근차근 꿈을 실현시켜가는 사람을 관찰해 보면 무척 담담하다. 담담하게 생활하고 있으며 어깨에도 힘이 들어가 있지 않다. 돌파력이란 한번으로는 의미가 없다는 걸 잘 알고 있기 때문이다. 한 번 돌파했다면 100번 돌파해야 한다. 지속적으로 돌파하기 위해서는 담담해져야 한다. 돌파하지 못하는 사람은 언제나 어깨에 힘이 들어가 있기 때문에 있는 힘껏 돌파하고 나면 두 번째 돌파해야 할 때는 이미 힘이 남아 있지 않다.

'어떻게 힘을 쓸까'가 아니라, '어떻게 힘을 뺄까'가 중요하다. 힘을 빼도 돌파는 가능하기 때문에, 자신이 가진 강점으로 승부를 해 나가야 한다.

돌파할 수 있는 사람은 지속적으로 돌파하기 위해
힘을 빼고 담담하게 살아간다.

첫인상에 대한 다섯 가지 요소

❶ 시간상으로 확대하여 생각하는 과정

이것은 일시적인 것을 항구적인 것으로 해석하는 경향을 말한다.
예를 들면 한 사람의 웃고 있는 모습을 본 뒤로, 그 사람에 대해 '선량하고 마음씨 좋은 사람'이라는 인식을 하게 되는 것 따위이다.

❷ 이전에 겪은 경험을 토대로 일반화하려는 경향

이전에 있었던 특정인과의 대인관계 경험을 토대로 초면인 사람에게도 같은 관계를 그대로 유입시키는 경향이다. 상대방에 대한 판단이 모호하면 애매할수록 이 일반화 경향은 강해진다.

❸ 카테고라이즈 경향

미리부터 준비된 몇 가지 틀 속에 타인을 포함하는 경향이다.
예를 들면 상대방의 나이를 보고 그 나이의 사람들은 일반적으로 '침착하다'든가 '그다지 정열적이 아니다.'라는 식으로 받아들이는 것이다.

❹ 기능적 특성에 기초를 둔 추정

예를 들면 입은 '말'을 하는 데 쓰이므로 입이 작은 사람은 '과묵하다.'라고 추정한다거나, 이마가 넓고 큰 사람은 '지능이 높다.', 안경을 낀 사람은 '지적이고 근면하다'라고 생각하는 등의 경향이 이에 해당한다.

❺ 비유적인 일반화

'더부룩한 머리'에 '거친 피부'를 가진 사람은 매우 수수한 성격을 지녔을 거로 생각하는 경향을 가리킨다.

050

100마리의 양보다
1마리의 사자에게 인정받는다

+ 꿈을 실현시켜가는 사람들은 모두 알고 있다. 중요한 것은 많은 사람들에게 인정받는 것이 아니라, 운명의 사람에게 인정받는 것이라는 것을. 운명의 사람은 처음부터 '내가 바로 운명의 사람이다.'라며 이름을 밝히며 나서지 않는다. 유명한 경우도 있고, 유명하지 않은 경우도 있다. 유명하다고 성공한 것도 아니고, 유명하지 않다고 해서 성공하지 못하는 것도 아니다. 지명도와 성공 여부는 아무런 관계가 없다. 분명한 것은 당신이 자신을 속이고 주위에 영합하며 살다 보면, 운명의 상대는 영영 만날 수 없다는 것이다.

꿈을 실현시키기 위해서는 주위에 영합해서는 안 된다.
단 한사람의 운명의 상대에게 인정받아야 한다.

6. 인력(引力)을 기른다

인맥을 넓히기 위해 열심히 모임에 참가하거나, 마구잡이로 사람들을 만나려는 사람은 많다. 그러나 정말 인맥을 넓히고 싶다면 방법은 하나뿐이다. 우선 본인 스스로가 매력적인 사람이 되는 것이다. 매력이 넘치는 사람이 되기 위해서는 우르르 무리 지어 다니지 말고, 혼자만의 시간을 갖고 자신을 갈고 닦아야 한다. 사마천의 말 중에, "복숭아와 자두는 아무 말을 하지 않아도, 그 아래에 저절로 길이 생긴다."라는 것이 있다. 이처럼 매력을 갖추고 있다면 가만히 있어도 사람들이 저절로 모여든다.

051
많은 업무량을 소화해내면
겸허해진다

+   일을 잘하는 사람은 업무량도 압도적으로 많다. '아, 이 사람은 신입일 때부터 다른 사람보다 훨씬 많은 양의 일을 해 왔구나.'라는 것을 자연스레 느끼게 해 준다. 압도적으로 많은 양은 언젠가 반드시 질로 바뀐다. 그리고 뛰어나게 일을 잘하는 사람은 여전히 신입 시절과 비교해 뒤지지 않을 만큼의 업무량을 소화해낸다. 이미 누구도 따라오지 못할 성과를 올리고 있어서 주변에 라이벌 같은 건 없는데도 말이다. 그건 겸허해지기 위해서이다. 일을 좀 잘 한다고 자만하는 사람은, '이제 나는 질을 추구할 레벨이니까.'라며 일의 양을 줄인다. 사람은 오만해지면 질도 떨어지고, 양도 줄어든다.

일을 잘하는 사람은 일의 양과 질 모두 압도적이다.
그렇기 때문에 더욱 겸허해질 수 있다.

052

헤어질 각오를 하고 있는 사람이
주도권을 잡는다

+   주도권을 잡기 위해서는 어떻게 하면 좋을까. 일을 잘할 수 있도록 실력을 기르면 주도권을 잡을 수 있을까. 부자가 되면 주도권을 쥘 수 있을까. 일이나 돈은 주도권을 잡기 위한 수단이 될 순 있지만 본질은 아니다. 주도권을 잡기 위한 결정타는 '여차하면 헤어질 수 있다.'라는 각오이다. 만약의 경우에 헤어질 각오가 되어 있지 않은 사람은 헤어질 각오를 하고 있는 사람에게 주도권을 빼앗긴다. 비즈니스에서도 사생활에서도 주도권을 잡고 사람을 리드하는 사람의 공통점은 불합리한 일을 당하면 떠나가도 상관없다고 생각한다는 것이다.

여차하면 헤어질 각오가 있는 사람이
공과 사 모두에서 주도권을 잡는다.

나를 깎아내리는 다섯 가지

❶ **불필요한 허락 구하기**
"이렇게 할까요, 저렇게 할까요?"하고 묻는 동안 동료는 이미 끝내고 상사에게 칭찬을 받는다.

❷ **우물쭈물하기**
가만히 있으면 중간이라도 간다는 말은 머릿속에서 지워라. 우물쭈물하다 보면 있으나 마나 한 사람이 된다.

❸ **장황하게 설명하기**
상사에게는 현재까지의 결론, 생산적인 대안, 발견된 문제점만 보고하라.

❹ **쓸데없는 사과하기**
정말 미안할 때 뭐라고 말할 것인가.

❺ **사적으로 받아들이기**
업무에 대한 상사의 부정적 코멘트를 자신을 향한 비난으로 여기지 마라.

053
작은 목소리로 소곤소곤
전화를 받으면 불쾌감을 준다

+   명함에 핸드폰 번호를 적어 두고는 그 사람을 위해 긴급하게 핸드폰으로 전화를 걸면 작은 목소리로 전화를 받는 사람이 있다. 상담 중이거나 회의 중이어서 그렇게 했을 수도 있지만 이는 상대에게 상당히 불쾌한 느낌을 준다. 작은 목소리로 전화를 받으면 전화를 건 사람은 자신이 상대를 방해했다는 죄의식을 느끼게 된다. 그렇다면 처음부터 받지 말아야 한다. 전화를 받지 않으면 상담 중인 상대방이나 회의에 참석한 사람들에게도 실례를 범하지 않고, 전화를 건 상대도 신경 쓰이게 하지 않을 수 있다. 요즘 시대에 핸드폰을 반드시 한 번에 받아야 할 이유 같은 건 없다. 그보다는 편안한 상태에서 대화를 하는 것이 서로를 위한 길이다.

받을 수 없는 상황이라면
굳이 핸드폰을 받지 마라!

054
감사 메일에 부탁 메일로
회신을 하는 사람은 미움을 산다

+ 　　　성실하게 일을 하는데 이사람 저사람과의 관계가
점점 깨져 가는 사람의 공통점은 메일을 보면 알 수 있다.
바로, 상대가 보내 온 감사 메일에 부탁 메일로 회신을 하
는 사람이다. 이런 사람에게 메일을 보내면 제목도 새로
쓰지 않고 'RE:'로, '그런데 상담하고 싶은 게 있는데…'
라는 내용의 답장이 온다. 그러면 점점 '고마웠습니다.'라
고 메일을 보내는 것이 두려워지게 된다. 이 사람에게 감
사 인사를 전하면 반드시 뭔가 보답을 바랄 테니, 더는 감
사 인사 같은 건 하지 말아야겠다고 생각하게 되는 것이
다. 상대는 결국 어떤 부탁을 하기 위해 미끼를 던져둔 것
에 지나지 않다는 것을 알고 기분이 상하게 된다. 처지를
바꿔 생각해 보자. 당신은 어떠한가?

보답을 기대한 관계는
오래 지속되지 않는다.

상대방의 마음을 꿰뚫는 심리법칙 2 ▶

❻ 아첨의 심리
자신의 말에 맞장구를 잘 쳐준다고 해서 그를 호의적이라거나 이해심이 많은 사람이라고 판단해서는 안 된다.

❼ 시선의 심리
대화 중의 시선 처리는 예절의 한 부분이긴 하지만, 그것을 통해 상대방의 심리를 파악할 수 있어야 한다.

❽ 수다의 심리
수다스러운 사람의 심리를 자세히 들여다보면 숙명적인 외로움을 지니고 있다는 사실을 알 수 있다.

❾ 소곤소곤의 심리
작은 소리로 말하는 사람들의 심리에는 상대방에게 의존하고자 하는 속셈이 숨어 있다.

❿ 달변의 심리
상대방의 이야기를 가로막는 것은 궁극적으로 그 사람의 인격을 무시하는 행위에 다름 아니다.

⓫ '절대로'의 심리
'절대'라는 말을 자주 쓰는 사람은 자기애(自己愛)적인 성향이 있는 사람이 많다.

055

'죄송합니다'를 '고맙습니다'로
속이지 않는다

+   최근 '고맙습니다.' 운동이 유행하고 있다. '고맙
습니다.'라는 말을 입에 담을 때마다 행복해진다는 의미
인 듯하다. '고맙습니다.'보다 '미안합니다.'를 말하는 것
이 쉽지는 않지만, 더욱 멋진 인생을 보낼 수 있다.

   사람을 매료시키고 행복한 인생을 살고 있는 사람은,
'미안합니다.'를 말하는 속도가 빠르다. 그러나 '미안합니
다.'라고 사과를 해야 할 때에도 '고맙습니다.'라고 말하는
사람도 있다. 다른 사람에게 주의를 받으면 '고맙습니
다.'라고 말하라고 가르치는 경우도 있는 것 같다. 하지만
사과해야 할 때는 역시 '미안합니다.'라고 말하는 것이 옳
다. '미안합니다.'라고 사과해야 하는 상황을 피하다 보면
모든 인간관계는 끊기게 된다.

재빨리 '미안합니다.'라고 사과하는 사람이
주변 사람을 매료시키고 행복해질 수 있다.

좋은 대화와 나쁜 대화

❶ **쓸모없는 잡담을 하지 않는다.**
공통된 화제를 언급하는 것은 친근한 분위기를 만들기 위해서 중요하지만 쓸
데없는 잡담이 될 수 있는 화제를 거론하는 것은 금물이다. 누구나 한 번쯤은
경험했을 법한 이야기 가운데 의미 있고 특별한 화제를 언급하는 것이 좋다.

❷ **민감한 화제를 거론하지 않는다.**
정치, 종교 등 논쟁을 일으킬 수 있는 민감한 화제를 언급하는 것은 좋지 않
다. 상대의 성향을 파악하는 데 어느 정도 도움이 되지만 자칫 큰 갈등으로 번
질 수 있다.

❸ **누구나 궁금해하는 화제를 선택한다.**
특정인들만 궁금해하는 화제, 생소한 화제를 꺼내면 상대방의 경계심을 무너
뜨릴 수 없다. 한창 화제가 되고 있는 이야기, 여행 경험담 등 누구나 궁금해
하는 화제를 꺼내야 공감대를 형성할 수 있다.

056
술자리의 참석률과
그 사람의 가치는 반비례한다

+   술자리에 빠짐없이 참석하는 사람은 매력이 없
다. 이런 사람은 언제라도 만날 수 있으며, 자주 만나는
만큼 이야기 소재도 금세 바닥이 나서 싫증이 난다.

술자리를 좋아하는 사람이라면 그나마 낫지만, 술을 좋
아하지도 않으면서 무리해서 참가하는 사람은 주의해야
한다. 이런 사람의 노력이 보상받는 날은 영원히 오지 않
는다. 반대로 평상시에는 잘 참석하지 않던 사람이 술자
리에 참석하면, '저 녀석이 웬일로 나왔지?'라는 생각에
호감도가 높아진다. 그러나 이제까지 빠짐없이 술자리에
참석하던 사람이 어쩌다 두 번 연속 나오지 않으면 하면,
'그 녀석, 최근에 잘 안 어울려.'라며 험담을 한다. 늘 술
자리에 참석하지 않는 것은 바람직하지 않지만, 세 번에

한 번 정도는 참석하지 않아도 좋다.

술자리는 세 번 중에 한 번 정도
참가하는 것이 적당하다.

057

꿰뚫어보려고 하는 사람은
미움받는다

+ 　　　상대를 꿰뚫어보려고 혈안이 되어 있는 사람은 친구가 없다. 사람은 누구나 간파당하는 걸 좋아하지 않기 때문이다. '이 사람을 꿰뚫어봐야지.'라는 자세는 대개 상대의 나쁜 부분을 찾아내려고 한다는 것을 의미하며, 상대를 깔보는 인상을 주게 된다. 자신을 깔보려는 사람을 굳이 적극적으로 좋아하려는 사람은 없을 것이다. '꿰뚫어보다.'가 아니라 '찾아내자.'라는 자세가 중요하다. '찾아낸다'는 것은 상대의 장점을 보려는 것이며, 빛내 주려는 자세이다. 사람들은 누구나 자신의 장점을 찾아서 빛내 주려고 하는 상대를 좋아하게 된다.

결점을 꿰뚫어보지 말고,
상대의 좋은 점을 찾아내자.

방문할 때 명함 사용법

❶ 기혼 여성을 처음 방문하고 떠날 때에는 부인의 남편 앞으로 명함을 남겨놓는다.
남편이 집에 있거나 함께 이야기를 나누었다면 굳이 명함을 놓을 필요가 없다.

❷ 미망인이나 미혼 여성을 방문했을 때에는 명함을 놓을 필요가 없다.

❸ 미리 약속하지 않은 상태에서 주인이 부재중이라면 더 묻지 않고 명함만을 두
고 온다.
이때 직접 방문했다는 것을 표시하기 위해 명함 왼쪽 위 끝 귀퉁이를 접는 관
습이 있는데, 이것은 국제적으로 교양 있는 사람들 사이에서는 아직도 널리
행해지고 있으므로 알아두는 것이 좋다.

058
예정 시간 5분 전에 끝내는 사람이 사랑받는다

+ 　　　실력이 뛰어난 비즈니스맨은 절대로 상담이나 회의를 연장하지 않는다. 그들은 시간을 연장하는 것은 창피한 일이며, 자신의 매력을 떨어뜨리는 일이란 걸 이미 잘 알고 있다. 정해진 시간 안에 끝내는 것은 기본이며, 대개는 정해진 시간의 5분 전에는 끝낼 수 있도록 세심하게 주의를 기울인다. 나는 종종 취재나 인터뷰 요청을 받는 경우가 있는데, 시작하기 전에 미리 종료 시간을 언급하고 5분 전에는 정확하게 끝내고 돌아간다. 이야기에 사족이 없고 능숙하게 핵심을 집어낸 뒤 아쉬움을 남기며 떠나간다. 반대로 핵심을 벗어난 쓸데없는 이야기로 질질 시간을 끄는 사람에게는 조금도 아쉬움이 느껴지지 않는다.

시간 낭비 없이 상담이나 회의를 끝내고,
상대에게 아쉬움을 남기는 사람이 일류.

상황에 따라 발휘하는 재치 있는 예의

❶ **뜨거운 음식이나 상한 음식을 먹을 때**
무심코 먹은 음식이 너무 뜨거울 때에는 찬물을 먹는다. 주변에 물이 없을 때는 뱉도록 하는데 종이냅킨에 싸서 그릇 한쪽에 놓아둔다. 상한 음식을 먹었을 때도 마찬가지로 빨리 뱉도록 하는데, 뱉는 것이 잘 안 보이도록 냅킨으로 가리도록 한다.

❷ **고기나 뼈가 목에 걸렸을 때**
생선 가시가 걸렸을 때에는 물을 마시거나 냅킨으로 입을 가리고 기침을 한다. 손가락을 입에 넣어 꺼내는 것도 실례가 되지 않으나, 이때에도 역시 다른 손이나 냅킨으로 입을 가리도록 한다. 고기나 뼈가 목에 걸려 기침을 여러 번하고 싶다면 양해를 구하고 자리를 물러나도록 한다.

❸ **기침, 재채기, 코 풀기**
기침이나 재채기가 나오려 하면 손수건 또는 냅킨으로 코와 입을 먼저 가리도록 한다. 코를 풀고 싶을 때에는 양해를 구하고 자리를 뜬다. 자신의 손수건이나 휴지를 사용하며, 냅킨은 사용하지 않는 것이 원칙이다. 땀이 날 때에도 냅킨으로는 닦지 않는다.

059
시간이 없는 바쁜 부자가 아닌
시간과 돈이 넉넉한 부자로 살자

+ 　　　부자가 바쁘다는 말은 이미 옛날 이야기다. 21세기의 부자는 시간이 넉넉한 부자이다. 시간이 없는 바쁜 부자는 영원히 바쁘게 살아가기 때문에, 결국 자멸하고 만다. 게다가 돈을 쓸 시간조차 없어서 불행한 삶을 살다 인생을 마친다.

사람들은 여유롭고 우아하게 사는 사람에게 끌린다. 시간과 돈이 넉넉한 부자는 주변 사람들이 돈을 가져다주기 때문에 더욱 우아해진다. 반대로 바쁘게 아등바등 살고 있는 가짜 부자 곁에 머물던 사람들은 하나 둘 떠나간다. 당신이 바쁘게 살고 있다면, 노력의 방향이 잘못된 것일지도 모른다.

그저 바쁘기만 한 하루하루를 보내고 있다면,
노력의 방향이 잘못됐다는 증거.

영상을 만들어내는 구체적인 말

❶ 특수한 개념을 사용한다

가령 개에 관해 이야기한다면 단순히 일반적인 개념의 개라고 표현하는 것이 아니라 푸들, 슈나우저, 그레이하운드 등 개의 종류를 정확하게 밝힌다. 여기에 더욱 구체적으로 '검은 털을 가진 영국 원산의 요크셔테리어'라고 한다면 훨씬 선명한 영상을 떠올리게 할 수 있다.

❷ 추상적인 용어는 삼간다

자유나 인내, 승리와 같은 추상적인 개념의 단어들은 구체적인 영상을 만들어 내지 못하므로 삼간다.

❸ 미세한 점까지 속속들이 묘사한다

가령 개에 관해 이야기한다면 개미의 몸통부터 다리, 심지어 더듬이까지 속속들이 묘사해야 사람들은 뚜렷한 영상을 떠올린다.

❹ 고유명사, 숫자, 날짜 등을 넣는다

졸업식에 대해 이야기한다면 어느 학교를 몇 년도에 몇 명이 졸업했는지를 밝히는 것이 사람들이 상상하는 데 훨씬 도움이 된다.

060
진심으로 사랑하는 사람이 있는 사람이 많은 사람을 끌어당긴다

+ 　　　　이 세상에 진심으로 사랑하는 사람이 있고, 그런 상대에게 자신도 사랑받고 있다고 확신할 수 있다면 더는 무서울 것이 아무것도 없다. 세상 모두가 적이 되어도 두렵지 않다. 모든 인류가 찾아 헤매는 최고의 행복을 가졌기 때문이다. 사랑이 부족하기 때문에 여러 가지 문제가 발생하고, 균형이 깨지는 것이다. 사랑하는 사람과 서로 사랑하면 모든 것이 순조롭고, 모든 스트레스가 해소된다. 사랑이 넘치는 사람 주변에는 당연히 많은 사람들이 모여든다. 반대로 사랑이 없는 사람 주변에서는 사람들이 점점 떠나간다.

사랑이 넘치면 모든 것이 순조로워서
스트레스를 모르게 된다.

경험은 가장 좋은 주제다

❶ 유년 시절 이야기

어린 시절의 추억이나 학창 시절에 관한 화제는 사람 대부분이 좋아한다. 유년 시절의 역경을 다룬 연극이나 영화, 소설 등이 인기가 있는 것은 이 때문이다. 따라서 오랜 세월이 흘렀는데도 자신의 기억에 특별히 선명하게 남아 있는 이야기를 들려준다면 사람들은 틀림없이 흥미진진해할 것이다.

❷ 꿈을 이루기 위해 시도했던 일

꿈을 이루는 과정에서 맛본 좌절, 희망, 성공 등에 관한 일화는 사람들의 마음에 감동을 주고 주의력을 높인다.

❸ 취미

개인마다 취미는 천차만별이기 때문에 다른 사람들에게 매력적인 주제가 될 수 있다.

❹ 사업이나 직업에 관한 이야기

한 분야에 오랫동안 종사하면서 겪은 경험들은 사람들의 흥미를 유발한다.

❺ 색다른 체험이나 유명한 인물을 만난 이야기

남들이 쉽게 겪을 수 없는 경험들에 사람들은 관심을 집중한다.

7. 창의력을 기른다

획기적인 아이디어는 학교에서 공부하던 식으로는 얻을 수 없다. 레일 위에 굴러다니는 것은 고리타분한 모범 답안뿐이다. 사회인이 된 후 모범 답안만을 부르짖어봤자 사람도 돈도 다가오지 않는다. 획기적인 아이디어는 레일을 벗어난 곳에 잠들어 있다. 창의력을 기르기 위해서는 주변에서 '당연하다.'고 생각하는 것을 '당연하지 않다.'고 깨달을 수 있어야 한다. '당연하지 않다.'는 깨달음에서부터 모든 것에 대한 감사가 생겨난다. 창의력이란 감사하는 힘이다.

061
뉴스에서 보도되는
피해자와 가해자는
실은 반대가 아닐까 생각해 본다

+ 　　지금까지 수많은 매스컴에서 노동자들이나 경찰 관계자들과 자주 대담을 하면서, '역시 경영 컨설턴트와 똑같군.'이라고 생각한 적이 있다. 뉴스에서 보도되는 사건 중에는 실은 피해자와 가해자가 반대인 경우도 적지 않다. 법률적으로는 피해자이지만, 본질적으로는 가해자이며 동정의 여지가 없는 것처럼. 미팅 중에 경영 컨설턴트들이 입버릇처럼 자주 하는 말 중에 '반대로…'라는 말이 있다. 모두가 옳다고 믿고 있는 정보를 한번쯤 의심해 보고, '반대의 입장'에서 생각하는 습관은 날카로운 발상을 위해 반드시 필요한 항목이다.

옳다고 믿고 있는 상식을
한번쯤 의심해 보자.

062
1분 후에 추락한다면,
어떤 유언을 남길까

+ 컨설팅 회사에 근무할 당시 나는 연간 최소 50번은 비행기로 이동을 해야 했다. 실은 이게 너무 고통스러워서 견딜 수 없었다. 비행기 좌석이 좁아서도, 공항까지의 이동이 불편해서도 아니다. 《추락 유체(墜落遺体, 이즈카 사토시 저)》라는 책을 너무 열심히 읽은 나머지, 추락하는 것이 너무 두려웠기 때문이다. 그러다 어느 순간에 생각을 바꿨다. 만약 1분 후에 비행기가 추락한다면 나는 어떤 유언을 남길지 생각했다. 그리고 언제 추락해도 좋을 후회 없는 인생을 살아가자고 결심했다. 덧붙여서 유언으로 가장 많은 베스트 3는 '사랑해.', '미안해.', '고마워.'다.

인생의 끝을 상상해 보고,
후회 없이 살아가자.

063
애당초 문제 자체가
잘못된 건 아닐까

+ 　　경영 컨설턴트로서 다양한 조직의 회의에 참석하다 보면, 언제나 놀라게 되는 일이 있다. 애당초 회의에서 채택된 문제 안건이 잘못되어 있는 경우다. 문제는 전혀 다른 곳에 있는데, 막대한 시간과 인건비를 투자해서 잘못된 문제를 필사적으로 풀고 있다. 아직도 학교에서 공부하는 학생인 것 마냥 주어진 문제는 절대 옳고, 어딘가에 모범 답안이 있다고 믿고 있기 때문이다. 회의 참석자들은 대개 회의가 마무리되고 완전히 녹초가 되었을 무렵, 문득 내 쪽으로 시선을 돌린다. 나는 언제나 '풀고 있는 문제는 옳은가?'라고 중얼거릴 뿐이다.

주어진 문제가 옳다고 생각하는 것은
학생이나 하는 발상이다.
프로는 일단 눈앞의 문제가
풀어야 할 문제인지를 검토한다.

이름을 불러라

❶ 이름을 잘못 말하는 경우

이름을 기억하지 못하는 것보다 잘못 말하는 것이 상대방을 더욱 기분 나쁘게
할 수 있다. 특히 친분이 없는 사람의 이름을 즉석에서 인용할 경우에는 더욱
주의를 기울여야 한다.

❷ 이름을 인용한 이유를 상대방에게 충분히 이해시키지 못한 경우

이름을 인용할 때 타당한 이유를 밝히지 못하면 상대방을 불쾌하게 할 뿐만
아니라 당신에 대한 부정적인 이미지를 심어줄 수 있다.

❸ 비호의적으로 사용할 경우

상대방의 이름은 호의적으로만 사용해야 한다. 비방하거나, 악의적인 이야기에
이름을 인용하면 이름을 거론 당한 사람뿐만 아니라 다른 사람들에게까지 반
감을 살 수 있다.

064
모범 답안을 고집하면
바로 퇴장당한다

+ 　　사회인이 되었다면 하루빨리 모범 답안을 숙지한 뒤, 신속하게 모범 답안에서 멀어져야 한다. 세상에는 비겁하게 과거의 데이터를 한쪽 손에 쥐고 자신의 주장을 관철시키려는 사람이 많다.

이런 일화가 있다. 어느 20대 컨설턴트는 최근에 출판된 신간을 읽고 신바람이 나서 그 책의 내용을 고객에게 제안하고 스스로 만족하며 기뻐했다.

이야기를 모두 들은 사장은 싱긋 웃으면서, 너무 읽어서 너덜너덜해진 그 신간을 책꽂이에서 꺼내들었다. 과거의 데이터나 모범 답안은 이미 '이걸로는 돈이 되지 않아요.'라는 제안과 같다.

과거의 데이터나 모범 답안으로는
돈을 벌 수 없다.

거절하기 어려운 부탁에 대처하는 방법 1

❶ **몸짓으로 거절 의사를 표시한다.**
  단호하게 말로써 거절하기 어렵다면 먼 곳을 바라보거나 시큰둥한 표정을 짓
  는다. 섣불리 말로 대응하기보다 행동이나 표정으로 거절 의사를 표현하는 것
  이 상대방의 의욕을 꺾는 데 유리할 수도 있다.

❷ **거절할 수 있는 명분을 만든다.**
  거절하기 위해 어설프게 변명하면 오히려 역효과를 불러올 수 있으나 명분을
  내세우면 상대방의 기분을 상하지 않게 하면서 부탁을 거절할 수 있다. 예를
  들어 보험 가입에 대한 권유를 받았다면 '사정이 여의치 않아서'라는 변명보
  다는 '이미 보험에 가입했고 노후 설계도 다 되어 있다'는 식으로 명분을 내
  세운다.

❸ **선수를 친다.**
  상대방이 돈을 빌리려고 할 때 당신이 먼저 돈을 빌려야 할 상황이라고 선수
  를 치면 상대방은 부탁하기를 체념한다.

065
'상식'과 '비상식'을
모두 바꿔서 생각한다

+   '이것은 우리 상식이기 때문에…', '이것은 상식적으로 생각하면 이상해.'라는 입버릇을 가진 리더가 경영하는 조직은 이미 쇠퇴했거나, 그대로 소멸되었다.

반대로 사내나 업계에서 비상식이라고 할 법한 도전을 계속해온 조직은 그 후 탁월한 실적을 남기며 발전해 갔다. 기발한 발상을 하기 위해서는 과거의 자신이었다면 받아들일 수 없는 것이나 있을 수 없는 가치관에서 벗어나는 것이 중요하다. 동서고금 모든 역사를 돌아보면 명백하게 알 수 있지만, 상식과 비상식의 끊임없는 교체가 인류를 발전시켜왔다.

업계에서 비상식이라고 생각하는 도전을 하는 회사가
발전한다.

거절하기 어려운 부탁에 대처하는 방법 2

❹ 계속 부정적인 반응을 보인다.
  예를 들어 외판원이 온갖 감언이설로 상품 구매를 권유한다면 그 제품이 없어
  도 전혀 불편하지 않다는 반응을 계속 보인다. 그렇게 지속해서 권유를 거절
  하게 되면 상대방은 말할 의욕을 잃는다.

❺ 즉각 거절한다.
  말이 떨어지기가 무섭게 단호한 목소리로 즉각 거절하면 상대방은 더 권유할
  엄두를 내지 못한다.

❻ 불편한 자리에서 만난다.
  의자가 불편한 곳이나, 사람들이 부산하게 오가는 곳에서 만나게 되면 쉽게
  거절을 할 수 있다. 조용하고 편안한 곳에서는 상대방에게 거절 의사를 표현
  하기 어렵다.

❼ 상대방의 부탁을 승낙하기로 마음먹었을 때는 마음을 비워야 한다.
  만약 그렇지 않다면 단호하게 거절을 해야 한다. 흔쾌히 받아들이지 않은 승
  낙은 훗날 돌이킬 수 없는 사태를 불러올 수 있고, 상대방에게 우유부단하다
  는 인상을 심어줄 수 있다.

066
여성의 '미모'와 '연애'에
돈이 철철 흐른다

+ 여성 마케팅에서 정체에 빠지면 '미모'와 '연애'에 주목하자. 세상 어디를 둘러봐도 여성이 미모에 신경 쓰지 않는 나라는 존재하지 않는다. 여성은 철이 들고나서부터 외모와 연애에 관심을 집중하고 있다. '오늘은 뭘입을까.', '같은 반의 ○○는 나를 어떻게 생각하고 있을까.' 어릴 적부터 매일매일 진지하게 생각한다. 여성은 치장을 하고, 사랑받기 위해서는 돈을 아낌없이 쓴다. 교제하고 있는 이성 역시, 상대 여성을 기쁘게 하기 위해 아낌없이 돈을 쓴다. 세상의 돈은 여성에게 빨려 들어가고 있다.

여성 사용자의 심리를 읽으면
돈이 흘러들어온다.

067
남성의 '권력'과 '실력'에
돈이 철철 흐른다

+   남성 마케팅에서 정체에 빠지면 '권력'과 '실력'에 주목하자. 철이 들고나서부터 남성들은 어느 쪽이 위인가, 어느 쪽이 강한가를 화제로 삼으며 열을 올린다. '캐릭터 카드, 누가 더 많이 모았어?', '내가 ○○보다 힘이 세.' 어릴 적부터 매일매일 진지하게 경쟁한다. 남성은 자신의 권력이나 실력을 과시하기 위해서라면 아낌없이 돈을 쓴다. 그러므로 많은 남성들은 차나 시계처럼 남들이 알아보기 쉬운 것에 돈을 쓰며, 프리미엄 카드나 사회적 지위가 될 만한 회원 조직을 좋아한다. 이는 여성에게 '대단하다~!'라는 말을 듣기 위해서이기도 하다.

남성의 권력 지향성을
마케팅에 반영하자.

사랑하는 여성에게 점수 따는 법

❶ 그녀가 속상해할 때, "당신이 속상하니까 나도 속상하네."라고 공감을 표시
하라.
❷ 그녀가 이야기할 때 텔레비전을 끄고 관심을 온전히 기울여라.
❸ 지갑에 넣고 다니는 그녀 사진을 최근 것으로 바꾸어 꾸준한 관심이 있음을
알려라.

068
어릴 적, 시험지 뒷장에 했던 낙서를 떠올리자

+   자신이 정말로 좋아하는 것이 뭔지 모르는 사람이 많다. 정말 좋아하는 것은 학교 시험으로 치면, 시험지 뒷장에 적은 낙서이다. 어릴 적에 시험지 앞장의 산수 시험은 늘 0점이었지만, 뒷장에 그린 선생님 얼굴은 꽤나 솜씨가 좋았다고 칭찬받았다. 그렇다면 그게 바로 정말로 좋아하는 것이다. 시험 이야기를 하고 있는 것이 아니다. 세간의 이목이라는 겉모습에만 치중한 나머지, 중요한 것을 간과하고 있지는 않은가. 당신에게서 세간의 이목을 빼낸 뒷장에는 무엇이 남아 있는가.

창의력이 풍부하다는 것은 어느 날 갑자기 어떤 생각이 '번뜩' 떠오르는 것이 아니라, 일상의 뒷장을 엿보는 일이다.

세상의 이목에 신경 쓰지 않고,
자신이 잘하는 것에서 창의력을 발휘하자.

사랑하는 남성에게 점수 따는 법

❶ 그가 실수했을 때 핀잔을 주거나 충고하지 마라.
❷ 잘못을 진심으로 사과할 때는 사랑으로 받아주고 용서해라.
❸ 그가 운전할 때 충고보다 격려하라.

069
무엇보다 사람의 희노애락에
경제의 본질이 잠들어 있다

+   과거의 역사나 수치만을 갖고 경제의 움직임을 파악하기에는 한계가 있다. 그러므로 경제 분석가의 과거 분석 결과에 기초한 예측은 대부분 빗나간다. 오히려 경제학자의 과거 분석보다 생물학자나 심리학자의 의견이 참고가 될 정도이다. 경제란 것은 인간의 본질이나 심리 상태의 집대성 바로 그 자체이기 때문이다. 인간의 심리란 희노애락이다. 희노애락에 의해 인간의 심리 상태가 변하고, 그 결과로써 경제가 움직인다. 사람들이 주가 상승에 일희일비하는 것 역시 인간의 심리 상태의 기복으로 인한 것이다. 진정한 마케터는 사람을 관찰하는 눈이 예리하다.

진정한 마케터는
인간의 희노애락에 주목한다.

인생을 따뜻하게 사는 지혜

❶ 많이 웃는다. 웃음은 인생의 어려움을 해결해주는 가장 좋은 해결사이다.

❷ 언제 어디서나 누구를 만나든 무언가 배워야 한다는 자세로 대한다.

❸ 겸손해야 한다. 내가 태어나기 훨씬 전부터 이미 많은 것이 성취되어 있었다.

❹ 늘 아름다운 것들만 보도록 노력한다.

❺ 회사에 도착하면 다른 사람의 하루를 축복하는 인사부터 하자.

❻ 날마다 가족이나 친지, 동료에게 '사랑한다.'는 마음을 가진다.

070
10초 생각한 뒤에 검색한다

+ 　　　이제부터 정보 그 자체의 가치는 더욱 떨어지고, 지혜의 시대에 돌입하게 될 것이다. 뛰어난 지혜를 가진 두뇌를 얻기 위해서는 인터넷 검색 엔진에 의지해서는 안 된다. 컨설팅 회사에 근무할 당시 흥미로웠던 점은, 검색 능력이 뛰어난 사람들은 모두 심부름꾼 역할만 하다가, 오래 버티지 못하고 회사를 떠났다는 사실이다. '어떻게 인터넷에서 이런 정보를 찾아냈지?' 이런 사람들은 끝내 주변 사람들을 놀라게 할 만한 지혜는 보여주지 못하고 떠나갔다. 검색하고 싶더라도 일단은 꾹 참고, 자신의 머리로 먼저 생각하는 훈련을 한다면 지혜를 얻을 수 있다.

인터넷 검색에 의지하면,
창의력이 점점 저하된다.

효율적인 손님 안내

❶ 입실 방법, 앉을 자리 등을 점검한다.

❷ 응접실로 손님을 안내할 때에는 만약을 위해 꼭 노크하고 들어간다.

❸ 여닫이문일 경우에는 먼저 실내로 들어가 안에서 문을 잡고 손님을 맞고, 미
닫이문일 경우에는 복도에서 문을 잡고 손님을 먼저 모신다.

❹ 어디가 상석인지 파악해놓아야 한다. 입구에서 가장 멀고, 창문에 가깝고, 그
림 등이 보이는 자리가 상석이다.

8. 우연의 힘을 기른다

'운을 좋게 만드는 요령은 무엇입니까?'라는 질문을 자주 받는다. 운을 좋게 만드는 방법은 간단하다. '부정 출발'을 하는 것이다. '이 일을 해 보고 싶은 사람!'이라며 불특정 다수에게 물었을 때, 마지막의 '~싶은 사람'이라는 말이 채 끝나기도 전에 손을 드는 사람이 운이 좋은 사람이다.

반대로 아무리 우수한 인재라도 '좀 더 검토해보겠습니다.', '회사에 돌아가서 상사와 의논해 보겠습니다.'라며 힐끔힐끔 수첩을 확인하는 사람이라면 기회는 영영 주어지지 않는다. 열의란 '부정 출발'하는 것이다.

071
집합 장소에는 가장 먼저 도착한다

+ '운을 좋게 만드는 방법을 가르쳐주세요.'라는 질
문을 받는 경우가 많다. 운을 끌어올리는 방법은 무척 간
단하다. 모든 행동에서 철저하게 '부정 출발'하는 것이다.
반대로 가장 빨리 운을 끌어내리는 방법은 지각이다. 세
상의 구조는 무척 간단하다. 아침 일찍 많은 사람들이 모
이는 경우, 조금 빨리 집합 장소에 도착해 보자. 이미 누
군가가 먼저 와 있을 것이다. 그 누군가는 가장 높은 사람
이거나, 장래 가장 높은 자리에 오를 사람이다. 아랫사람
일수록 정해진 시간이 다 되어서야 숨을 헐떡이며 뛰어와
서는 '아, 안 늦었다~!'라고 외친다. 집합 장소에 제일 먼
저 도착하면, 가장 높은 사람과 친구가 될 수 있다.

무슨 일이든 '부정 출발'을 하다 보면
행운이 찾아온다.

072
'5분만 만나주세요' 는
NG 단어이다

+   동경의 대상과 확실하게 친분을 쌓고 싶다면, '5분만 만나주세요.', '정말 5분이면 되는데…'라는 말은 절대 해서는 안 된다. 이 말은 최악의 NG 단어이다.

5분 시간을 내는 것과 1시간을 내는 것은 크게 다르지 않다. 고작 5분을 할애하기 위해서 그날 계획된 여행을 취소하기도 하고, 상승세를 타고 있던 일을 일부러 중단하기도 한다. '5분이면 됩니다.'라고 말하는 사람은 자신의 그런 발언으로 만남의 기회를 놓치고 있다. 그리고 '5분이면 된다.'던 사람과 실제로 만나보면 5분으로는 끝나지 않는다. 30분이고 1시간이고 이야기를 들어주면, '아직 시간 괜찮으신가요?'라고 천연덕스럽게 묻는다.

'잠깐이라도'라고 애원하는 사람일수록
시간 관념이 없고 상대를 질리게 만든다.

나이프와 포크의 사용

중앙의 접시를 중심으로 나이프와 포크는 각각 오른쪽과 왼쪽에 놓여 있다. 따라서 있는 그대로 나이프는 오른손에 포크는 왼손에 잡으면 된다. 양식에서 포크와 나이프는 각각 3개 이하로 놓여 있게 마련인데 코스에 따라 바깥쪽에 있는 것부터 순서대로 사용하도록 한다. 식사 중 포도주를 마시기 위해 잠시 포크와 나이프를 놓을 때에는 접시 양 끝에 걸쳐놓거나 서로 교차해놓으며, 포크만을 사용한 경우에는 접시 위에 엎어놓는다.

식사가 끝났을 때는 접시 중앙의 윗부분에 나란히 놓는다. 나이프는 사용 후 반드시 칼날이 자기 쪽을 향하도록 한다.

073
무난하게 잊히기보다
미움받고 기억에 남자

+ 영화에서나 현실에서나 커다란 미움에서 연애가 시작되는 경우가 많다. 처음부터 서로 너무 좋아서 시작한 연애는 영화도 될 수 없고, 그런 연애에는 낭만이 없다. 거칠고 버릇없고, 너무 싫다고 기억하고 있는 사람이 의외로 상냥한 면을 보인 순간에 사랑은 시작된다. '너무 싫어.'는 '너무 좋아.'의 계기가 되기 쉽기 때문이다. 기회의 여신에게 결코 선택받지 못하는 사람은 애당초 기억에 남아 있지 않은 사람이다. 아무리 실력이 뛰어나고 용모가 단정해도 기억에 없는 사람은 기회를 잡을 수 없다. 그런데 현실사회에는 기억에 남지 않는 사람들 투성이이기 때문에 세상에 기회를 거머쥘 수 있는 사람은 그리 많지 않다. 그렇다면 차라리, 잊히기보다 미움을 받자.

기회를 거머쥐기 위해서는
기억에 남는 사람이 돼야 한다.

식후의 커피는 조금 진한 것으로

식후의 커피는 조금 진한 것을 마시는 것이 좋다. 커피는 향이나 마시는 법이 독특한 여러 가지 종류가 있는데 그 중 커피에 위스키를 넣고 생크림을 얹어 마시는 아이리시나 코냑과 오렌지 향을 가미해 마시는 카페로열은 알코올과 커피를 동시에 즐기는 묘미가 있다. 설탕은 넣자마자 녹이지 말고 천천히 녹여 처음에는 쓴맛을 나중에는 달콤한 맛을 즐기도록 한다.

티백을 이용해 녹차나 홍차를 마실 때 어느 정도 우러나온 티백을 컵에 대고 눌러 짜지 말고, 숟가락 위에 놓고 실을 감아 짜낸 뒤 컵 뒤쪽에 가로로 놓는 것이 깔끔하고 세련된 예절이다.

074
제시받은 일정 중에 가장 빠른 일정을 선택한다

+ 상대가 먼저 만나자는 연락을 해 놓고, 복수의 일정을 제시하며 선택을 요구한다면 만나지 않는 것이 좋다. 반대로 만나고 싶던 사람이 일정을 제시해 왔다면, 가장 빠른 일정을 가장 빨리 선택하는 것이 정답이다. 날짜를 선택하는데 시간이 걸리는 사람은, 고민 끝에 두 번째나 세 번째 일정을 선택한다. 이 시점에서 진심인지 아닌지 열의가 드러난다. 일하는 모습을 관찰해 봐도 신속하게 첫 번째 일정을 선택하는 사람은 속도가 빠르고 정곡을 찌르는 반면, 한참을 망설이다가 두 번째나 세 번째 일정을 선택하는 사람은 우물쭈물하면서 일이 더디다. 열의는 곧 스피드이다.

일정은 빨리 정하자.
빠르게 열의를 전하면 우연의 힘은
확실하게 강해진다.

성공을 위한 질문 다섯 가지

❶ 변화하기 위해서는 무엇이 필요한가?
    지금과 다른 미래를 맞이하려면 무엇을 어떻게 바꾸어야 하는지 생각해보라.
❷ 나의 장점과 단점은 무엇인가?
    내가 잘하는 것은 무엇이고, 고쳐야 할 점은 무엇인지 객관적으로 판단하다.
❸ 궁극적인 목표는 무엇인가?
    적어도 다섯 가지 목표를 차례대로 정하라.
❹ 목표를 달성하기 위한 계획이 있는가?
    목표를 이루기 위한 상세한 계획을 세워라.
❺ 계획을 행동으로 옮기기 위해서는 어떻게 해야 하는가?
    사소한 것이라도 구체적으로 정리하라.

075

선반 위에는 떡을
굴러 떨어질 정도로 올려둔다

+ '선반 위에 떡(우리나라 속담 '호박이 넝쿨째 들어오
다'와 의미가 같음)'이라는 말이 있다. 국어 수업에서와는 달
리 사회에서 이 말은, '자신이 만든 떡을 넘칠 정도로 선
반 위에 올려놓고, 필요할 때 선반을 흔들어서 떨어뜨린
다.'는 의미이다. 떡이란 기회의 씨 뿌리기이다. 그것은 결
코 누군가가 주기를 기다리고 있으면 되는 것도 아니며
우연히 되는 것도 아니다. 평상시에 꾸준히 씨를 뿌려온
사람만이, '필요에 따라 선반을 흔드는' 임기응변으로 기
회를 거머쥘 수 있다. 대부분의 사람들은 아무것도 올려
져 있지 않은 선반 아래에서 줄곧 기회만 기다리고 있다.
마치 복권에 당첨되기를 기다리고 있는 것처럼 말이다.

기회는 타인에게서 우연히 얻어지는 것이 아니다.
기회의 씨 뿌리기는 본인의 몫.

첫인상을 결정하는 법칙

❶ 5초의 법칙
  처음 만나 5초 사이에 친절하다는 인상을 줬다면 그 사람이 곧 긍정적이고 적
  극적이라고 평가된다.

❷ 콘크리트의 법칙
  사람은 처음 보고 느낀 점을 콘크리트가 굳어 버리는 것처럼 가장 오래 기억
  한다.

❸ 부정성의 법칙
  사람은 긍정적인 이미지보다 부정적인 이미지를 더 잘 기억한다.

❹ 시각이미지의 법칙
  말보다 복장, 표정, 자세, 몸짓, 헤어스타일 등의 요소들을 통해 더 많은 판단
  을 내린다

076
의식해서 혼자 걷는다

+ 　　아무리 멋진 사람이라도 무리 지어 있을 때에는 매력이 사람 수에 반비례해서 떨어진다. 어느 날 신작로를 걷다가 깨달은 것이 있다. 멋진 사람은 반드시 혼자 걷고 있거나, 혹은 멋진 이성과 함께 걷고 있다는 점이다. 결코 동성끼리 도로를 가득 메우고 떠들고 있는 경우는 없다. 혼자서 걷다 보면 무리 지어 있을 때는 깨닫지 못하는 멋진 것을 발견하거나, 보다 많은 기회를 만들 수 있다. 친구들끼리 모여서 떠들다 보면 운명의 만남을 놓치게 되지만, 혼자서 걸으면 운명의 만남을 놓치지 않을 수 있다. 사람은 혼자 있을 때 자신만의 매력을 가장 잘 발산할 수 있고 개인의 실력을 연마할 수 있다.

혼자만의 시간을 충실히 하다 보면
보다 많은 기회를 만날 수 있다.

077
집이 좁아져도 도시에 살아 본다

\+   방세는 만남의 비용이고, 찬스의 비용이다. 교외에 살면 영원히 만날 수 없는 찬스도 도시에 살면 일상적으로 만날 수 있다. 도시에 살면 본인이 직접 찾아가지 않아도 상대가 나를 만나러 와 준다. '언제든 오세요.'라고 말했는데 장소가 교외라는 걸 알게 되면 상대는, '다음 달 출장은 없습니까?', '이쪽에 오실 용무는 없으신가요?'라고 일일이 신경을 써야 한다. 넓고 공기도 좋은 교외를 선택할 것인가, 기회를 만나기 쉬운 도시를 선택할 것인가. 기회의 비용을 우선시한다면 집세 같은 건 너무 싸다고 생각하게 될 것이다.

집세와 기회의 횟수는
비례한다.

행동하게 만들어라

❶ **구체적으로 요구 조건을 제시한다.**

예를 들면 '적십자 사업에 협조를 해주십시오.'라고 개념적으로 요구하기보다
는 'A시에 있는 봉사단체에 1만 원의 입회비를 보내십시오.'라고 구체적으로
말해야 실천 의지가 생긴다.

❷ **무리한 요구를 하지 말아야 한다.**

능력의 한계를 벗어난 요구를 받게 되면 사람들은 실천할 엄두조차 내지 못
한다.

❸ **실천을 유도하는 상황을 만든다.**

사람 대다수는 당장 자신의 생존과 직결되는 일이 아니면 행동으로 옮기는 것
을 귀찮아한다. 쉽게 실천에 옮길 수 있는 상황을 만든 다음 상대방에게 요구
해야 가벼운 마음으로 행동하게 된다.

078
'회사에 돌아가서 검토해 보겠습니다' 라는 발언은 절대 하지 않는다

+　　　제안할 것이 있다며 찾아와 놓고, '그러면 회사에 돌아가서 검토하겠습니다.'라고 말하는 것은 모순이다. 검토해야 할 정도라면 제안을 해서는 안 된다.

제안자는 결정권자여야 한다. 그렇지 않으면 그저 상대의 귀한 시간을 빼앗은 시간 도둑에 지나지 않는다. 돈을 훔치면 법적으로 벌을 받지만, 시간을 빼앗으면 인간으로서 가장 경멸당한다. 법적으로 벌을 받지 않는 대신에 암묵 속에 영구히 추방당하게 되는 것이다. 예스이건 노건 좋으니, 상담은 한 번에 결론을 내야 한다. 질질 끌다가 '예스'라고 말하는 건 곧바로 '노'를 말하는 것보다도 못하다.

제안자는 결정권자.
상담은 한 번에 결론을 내지 않으면
아무 의미가 없다.

자기 발전을 위한 조건

❶ 일을 내일로 미루지 않는다.
❷ 스스로 해결할 수 있는 일을 가지고 다른 사람을 괴롭히지 않는다.
❸ 번만큼만 쓴다.
❹ 값이 싸다는 이유로 원하지 않는 물건을 구매하지 않는다.
❺ 자만은 허기, 갈증, 추위보다도 많은 대가를 요구한다.
❻ 적게 먹는 것을 후회하는 이는 없다.
❼ 낙관적인 태도를 가진다.
❽ 화가 치밀 때는 열까지 센 다음 말한다.

079
당신의 험담을 하는 사람을
칭찬해 본다

+ '당신의 험담을 하는 사람이 있어요.' 부탁하지도 않았는데 이렇게 말을 옮기는 사람이 있다. 만약 당신에게 험담을 옮기는 사람이 있다면, 두 번 다시 만나지 않겠다고 결심한 후에 다음과 같이 시험해보자. '그래요? 나는 그 사람 좋던데.'라고 말하는 것이다. 험담을 옮기는 사람은 곧바로 험담을 했던 본인에게 그 말을 전해줄 것이다. 그 후에는 험담을 옮기는 사람에게 만나고 싶다고 연락이 와도 답을 할 필요는 없다. 당신을 험담했던 당사자가 머지않아 가까이 다가와서 당신을 응원해줄 것이다. 험담을 했던 사람은 실은 당신과 친구가 되고 싶어했던 사람이다.

당신의 험담을 하는 사람은
미래의 응원자.

다른 사람을 격려하는 법

❶ 유쾌한 생각을 해라.
❷ 말로서 격려하라.
❸ 카드와 쪽지를 보내라.
❹ 시간을 투자하라.
❺ 선물을 준비하라.
❻ 특별한 이유가 없어도 파티를 열어라.
❼ 실패한 사람을 인정하고 격려하라.
❽ 남의 평판까지도 배려하라.
❾ 다른 사람의 조언자가 되어라.
❿ 기도하라.

080
머리와 구두는
반짝반짝 윤이 나게 해 둔다

+   비슷한 실력을 가진 사람이 같은 직장에서 일을 하고 있는 경우, 기회를 얻는 사람은 누구일까. 그것은 윤이 나는 사람이다. 기회가 찾아왔을 때, 윤이 나는 사람은 최종 결정에서 선택받는다. 윤이 나는 사람은 뭔가 달라 보이기 때문이다. 윤이 나는 사람이 되는 법은 간단하다. 머리끝과 발끝을 언제나 반짝반짝 윤이 나게 해 두는 것이다. 머리는 청결히 한 뒤 향이 없는 헤어제품으로 손질해 둔다. 구두는 매일 반짝반짝 광을 내 둔다. 중요한 것은 사람 앞에 나설 때는 언제나 머리와 구두를 반짝반짝 윤이 나게 하는 것이다. '오늘은 바빠서'라는 변명은 통하지 않는다.

윤이 나는 사람은 기회의 여신에게
사랑받는다.

9. 인내력을 기른다

인내하는 인생을 살고 있는 사람은 타인에게도 인내를 강요한다. '나도 이렇게 참고 일하는데, 너도 참아!'라며 잘못된 방향으로 가고 만다. 인내의 끝에 행복은 존재하지 않는다. 인내의 끝에는 더욱 큰 인내가 기다리고 있을 뿐, 자신도 주위도 불행하게 만든다. 정말 인내력이 강한 사람은 인내의 인생을 살지 않는 사람이다. 인생이 좋아하는 것으로 가득 차 있기 때문에 너그럽게 남을 용서한다. 인내력의 밑바탕에는 넘쳐나는 애정이 깔려 있다.

081

최고의 스트레스 해소법은
세상에서 가장 좋아하는 사람과의
대화이다

+ 　　　 이 세상 최고의 스트레스 해소법을 알고 있는
가? 휴일에 취미 생활을 한다, 잔다, 맛있는 음식을 먹는
다, 술을 마신다 등등 다양한 스트레스 해소법이 있을 거
라 생각한다. 그중 최고의 스트레스 해소법은 믿을 수 있
는 사람과 하루 한 번 대화를 나누는 것이다. 대화란 무
릎을 맞대고 1대 1로 커뮤니케이션을 하는 것이다. 비록
1분이나 5분이라도 진심으로 신뢰할 수 있는 사람과 매
일 대화를 나눌 수 있다면 스트레스 해소법으로서는 완
벽하다. 결국 본질적으로 사람은 사람으로부터만 위로받
을 수 있다. 곁에 있는 사랑하는 사람과의 시간을 소중하

게 여기길 바란다.

진심으로 신뢰할 수 있는 사람과의 대화는
어떤 스트레스 해소법보다 효과가 크다.

082
좋아하는 일을 직업으로 삼으면
타인에게 너그러워진다

+ 타인에게 엄격해서 주위 사람들로부터 경원당하는 사람은 자신이 좋아하는 일을 하고 있지 않다. 주위 사람들에게 미움 받고 있기 때문에 일도 생각대로 되지 않고, 결국 자기 자신에게도 스트레스가 쌓인다. 이처럼 원인을 깨닫지 못하고 자신이 스트레스를 받는 것은 물론이고 주위 사람에게도 스트레스를 주며 자멸해 가는 사람이 많다. 중요한 것은 '타인을 어떻게 바꿀까'가 아니라, '내가 어떻게 바뀔까'이다. 주변 환경을 바꾸기 위한 가장 빠른 방법은 나 자신부터 달라지는 것이다. 좋아하는 일을 직업으로 삼으면 타인에게 너그러워진다. 혹은 지금의 일을 좋아하게 되면, 타인에게 친절해지기 때문에 스트레스에서 해방될 수 있다. 내가 행복하지 않으면 남을 행복하

게 할 수 없다.

좋아하는 일을 직업으로 삼으면
나도 남도 행복해진다.

하루 24시간을 멋지게 사는 방법

❶ 그날의 기분을 중요시한다.
❷ 날마다 일정한 시각에 일어난다.
❸ 일어나는 즉시 찬물로 세수한다.
❹ 아침은 반드시 영양가 있는 음식으로 챙겨 먹는다.
❺ 다음날 계획을 전날 밤 차분히 세워 둔다.
❻ 다음날 입을 옷을 미리 챙겨 둔다.
❼ 자정 전에 자도록 노력한다.
❽ 잠자리에 드는 순간 모든 것을 잊는다.
❾ 집중하는 습관을 기른다.
❿ 마감 날짜가 없는 일은 없다. 오늘을 기준으로 계획을 세운다.

083

울컥 화가 치밀 때는
입에 담지 말고 글로 적는다

+　　　무슨 일이 있을 때마다 울컥해서 화를 내거나, 소
리치는 사람이 있다. 화를 내거나 소리쳐도 본질적으로
스트레스는 해소되지 않는다. 오히려 울컥 화가 치밀어서
입 밖으로 쏟아내고 나면 갑자기 그런 자신이 가여워진
다. 슬프고 허무해지고, 이런 일이 반복될수록 점점 표정
으로 드러나게 된다. 짜증스러운 표정을 하고 있는 사람
에게는 짜증나는 일이 따라다닌다. 이 악순환을 멈추기
위해서는, 울컥 화가 치밀 때 바로 글로 적는 것이 좋다.
무슨 일이든 글로 적으면 냉정하게 생각을 정리할 수 있
으며 일에도 응용할 수 있다.

짜증스러운 감정을 진정시키는
방법을 갖자.

084

무엇이든 단 하나의 최고급품을
몸에 지닌다

+   자기 스스로에게 자신감을 주고 싶다면, 최고급품을 하나 몸에 지녀보자. 시계, 가방, 구두, 명함지갑, 넥타이, 펜… 무엇이든 좋다. 이것만큼은 누구에게도 뒤지지 않을 만한 것 하나를 몸에 지니면 괴롭거나 절망스러울 때에 힘이 되어 준다.

인간이란 모두 나약한 존재이다. 나약하기 때문에 물건에서 힘을 얻을 수 있는 것이다. 좌절하고 힘없이 고개를 떨어뜨렸을 때, 아끼는 구두가 눈에 들어오면 힘이 난다. 스트레스로 아침에 눈 뜨는 것이 괴로워도, 주름 하나 없이 잘 다려진 고급 와이셔츠에 팔을 넣으면 힘이 난다.

단 하나의 애장품이
좌절한 본인에게 힘을 불어넣어 준다.

눈의 모양으로 사람의 마음을 읽는 법

❶ **눈동자가 위로 향한 눈**
수단과 방법을 가리지 않는 야심가이며, 남에게 지기 싫어하여 윗사람과 마찰이 많을 수 있다. 재물은 모아 생활의 어려움은 없으나 남에게 베푸는 것은 부족하다.

❷ **눈동자가 아래로 향한 눈**
차가운 인상 때문에 호감을 사지 못한다. 의지가 약하고 사나우며 자기중심적이어서 성격이 좋지 못하다. 운이 그다지 좋지 않다.

❸ **매섭게 큰 눈**
정신력이 강하고 지혜와 총명함이 뛰어나고 정의감이 있어서 신망이 두텁고 포부가 원대하다. 그러나 과격한 성격과 지나친 포부와 과욕으로 자신을 그칠 수 있다.

❹ **뱁새눈**
이상적인 사고에 젖기 쉽고 끈기가 부족하다. 기분에 따라 좌우되는 경향이 있으며, 사치와 낭비가 심하다.

❺ **호랑이 눈**
강직하면서 신중한 성격으로 위엄을 갖추었고, 불의를 보면 용맹성을 내보인다. 정의감이 강하며 부귀와 건강을 함께 누릴 수 있다.

❻ **눈꼬리가 올라간 눈**
성격이 곧아 남에게 지기 싫어하며 냉정하다. 출세가 빠르며 복록이 많을 수 있다. 지도자가 될 상이다.

❼ **눈과 눈 사이가 넓은 눈**
매사가 느긋하며 성격이 인자하나 마음이 착해 남에게 이용당하기 쉽다.

085

존경하는 ○○ 씨라면,
이럴 때 어떻게 할까

+   좌절하고 절망을 느낄 때, 스트레스로 폭발할 것 같을 때 효과적인 방법이 있다. 그건 당신이 존경하는 사람이 되어, '그 사람이라면 이럴 때 어떻게 할까'를 생각해 보는 것이다. 다이하드의 브루스 윌리스나, 록키의 실베스타 스탤론의 표정을 똑같이 흉내 내 보는 것도 좋다. '이런 사람의 고생에 비하면 지금 나한테 일어난 일은 하찮은 거구나.'라고 생각하게 된다. 인간은 괴로운 일이 반복되면 자신의 틀 안에 숨어버린다. 괴로울 때일수록 틀을 깨고 밖으로 나가야 한다.

괴로울 때는 위인의 생각을 빌려 생각해 보면
틀을 깨고 밖으로 나갈 수 있다.

눈썹의 모양으로 사람의 마음을 읽는 법

❶ 긴 눈썹

눈썹의 길이가 눈의 길이보다 더 길게 생긴 모양새로 도량이 넓으며 부귀한
상이다. 형제가 화목하며 대인관계가 원만하나 독립심이 부족하다 볼 수 있다.

❷ 짧은 눈썹

눈썹이 눈의 길이보다 짧은 모양새로 독립심과 극기심이 강한 사람으로 책임
감이 강하며 신의가 두텁고 마음이 완강하고 고독할 수 있다.

❸ 미간이 넓은 눈썹

눈썹 사이가 검지와 중지 손가락 두 개가 들어갈 정도의 넓은 모양새로 성격
이 온화하고 차분하며 느긋하다. 낙천적인 성격으로 성공이 빠르고 재운이
좋다.

❹ 미간이 좁은 눈썹

눈썹 사이가 맞닿을 것같이 좁아 보이는 모양새로 성격이 소심하며 신망을 얻
지 못하고, 머리는 좋으나 행동으로 옮기지 못한다. 건강과 재물도 별로 좋지
않다.

❺ 초승달 눈썹

초승달처럼 둥글게 굽어 있으며 그려놓은 듯이 단정한 모양새로 학식이 높고
훌륭한 인품을 가지고 있다. 그러나 어진 성격 때문에 남성으로서는 소극적이
고 실천력이 약하며 의존심이 많아 여성적이라는 평을 듣기도 한다.

❻ 곧은 눈썹

둥근 모양이 없이 일직선으로 뻗은 모양새로 마음이 강직하고 용맹스러우며
단정하나, 마음이 너무 직선적이어서 주위를 배려하지 않는다. 또 덕이 부족한
흠도 가지고 있다.

086
사랑받고 있다는 안도감은
인내력과 비례한다

+ 　　　　스트레스 내구성이란, 자신이 정말 좋아하는 사람에게 사랑받고 있다는 안도감이 기본이 된다. 이 안도감이 흔들리면 아무리 강한 척 해도 쉽게 부러지고 만다. 결국 '이 사람을 위해서라면 목숨도 아깝지 않다.'고 생각할 정도로 서로 사랑하는 사람이 있으면 세상에 무서울 것은 아무 것도 없다. 인생에서 그런 상대를 만났다면 그것만으로도 이 세상에 태어난 의미는 있다. 우리는 그런 한 사람을 만나기 위해 많은 사람들과 함께 일을 하고 있는 것이다. 자신이 안도감을 얻기 위해서는 우선 상대에게 안도감을 줘야 한다. '사랑하고 있는 것'과 '사랑하고 있다는 걸 확실하게 전하는 것'은 확연히 다르다.

마음속 깊이 서로 사랑하는 사람이 있으면
어떤 어려움도 극복해 나갈 수 있다.

087

강인한 사람은
인생의 1지망에
도전하고 있는 사람이다

+   연애나 일에서 인생의 1지망에 도전하는 사람은 언제나 빛이 나고 강인하다. 언제나 모든 일에 진지하게 임하면서 신나는 인생을 보내고 있기 때문에 웬만한 일로는 좌절하지 않는다. 1지망은 머리로 판단하는 것이 아니라, 직감으로 정하는 것이기 때문에 망설임도 없다. 그에 비해 2지망부터 100지망 사이를 갈팡질팡 방황하는 사람은 '그럭저럭 좋은 것', '의외로 좋은 사람'을 머리로 생각하고 선택한다. 2지망으로 타협하는 버릇이 생기면 쟁취했을 때나 거절당했을 때 얻는 것이 적고 쉽게 좌절한다.

언제나 진지하게 맞서면
헤매지 않고 강인해질 수 있다.

귀의 모양으로 사람의 마음을 읽는 법

❶ 두꺼운 귀
환경이 좋은 가정에서 태어나 머리가 총명하여 명예와 재물을 얻어 장수하는 상이다.

❷ 얇은 귀
불운하고 재산을 팔아먹고 빈궁을 면치 못한다. 남의 말에 쉽사리 넘어가며 기술, 예술 계통이 적성에 맞을 수 있다. 재운이 부족하고 덕이 없다.

❸ 큰 귀
주의력이 깊은 성격으로 모든 일을 신중하게 처리한다. 가문이 훌륭하고, 부모운이 좋아 성격이 유유자적하고 느긋하다.

❹ 작은 귀
의지가 약하고 감정적이며 활동도 약하다. 성급하고 마음의 변화가 심해 비밀을 지키기 힘들다.

❺ 높은 귀
높은 사람에게 신임을 받아 참모 역할을 잘 할 수 있으나 지도력이 부족하다.

❻ 낮은 귀
주관이 뚜렷하여 재물운이 좋아 자수성가하며 대기만성한다.

❼ 뒤로 젖혀진 귀
이해타산이 빠르나 낭비가 심하고 재운이 부족하다. 육친의 덕이 없어 고독하며 곤궁을 면치 못한다. 성격이 불량하며 결함이 있을 수 있다.

088
참지 않고 좋아하는 것을 하면
인내심이 생긴다

+ 　　거만한 사람은 인내하는 인생을 살고 있는 사람
이다. 마음속 깊은 곳에 '내가 참고 있는데.'라는 생각이
자리 잡고 있기 때문에, 주위 사람들에게도 아무렇지 않
게 인내를 강요한다. 그러다 보면 곁에 있던 사람들은 점
점 떠나가게 되고, 결국 도움을 줄 사람도 없이 혼자서 더
욱 인내하며 노력해야만 하는 상황에 처하게 된다. 겸허
한 사람은 좋아하는 일을 하고 있는 사람이다. '나는 이렇
게 좋아하는 일만 하고 있다.' 이런 마음을 갖고 있기 때문
에, 주위에 감사할 줄 안다. 또한 '좋아하는 일만 해서 미
안해.'라는 마음을 갖고 있기 때문에 더욱 인내할 수 있다.

인내하는 인생을 살면 주위 사람에게도
인내를 강요해서 협력자를 잃게 된다.

코의 모양으로 사람의 마음을 읽는 법

❶ 높은 코

이상이 높고 자존심이 강하여 자신만만하다. 정의감이 강하고 활동적이며 재
물을 모으는 힘이 강하다. 그러나 성격이 오만하며 사고가 자기중심적이다.

❷ 낮은 코

행동이 본능적이며 타인에게 의존하는 경향이 강하다. 자신을 잘 알고 분수를
지켜 모험이나 위험한 일에는 뛰어들지 않고, 일에 열중하여 성실한 생을 이
끌어 간다.

❸ 콧방울이 큰 코

재물운이 왕성하여 벌기도 잘 벌지만 쓰기도 잘 쓴다. 스스로 운을 개척해 자
수성가 하나 자상하지 못하고 고집이 강해 야만적이라는 평을 받기 쉽다.

❹ 콧방울이 작은 코

신경질적이며 재운이 약해 행동이 수동적이다. 정력이 약하고 성격이 소심
하다.

❺ 매부리코

물욕이 지나치게 강해 남을 이용하여 득을 챙기는 사람이 많다. 누구에게나
사랑받지 못하고 심성이 독하고 간사하며 꾀가 많다.

❻ 짧은 코

성격이 겸손하나 주체성이 모자라고 독립심이 약하며 유혹에 약하다. 개방적
이고 낙천적이다.

❼ 긴 코

성실하고 책임감이 강하여 가정생활도 원만하다. 돈벌이에 지나치게 신경을
쓰지 않아 풍족한 생활을 하지 못하나 기량이 좋다.

089
수면을 최우선으로 하면
강인해진다

+ 　　강인한 성격에 일을 뛰어나게 잘하는 사람은 야근을 하지 않는다. 물론 수완이 좋고 일을 처리하는 속도가 빠를수록 유능하기 때문이라는 이유도 부정하진 않는다. 그러나 이런 사람들은 인생에서 잠을 최우선으로 생각하고 있는 건 아닐까 싶을 정도로 수면을 중요하게 여기고 있다. 예를 들면 이런 사람들은 아무리 즐겁게 파티를 즐기다가도 밤 8시가 되면 홀연히 사라진다. 이런 습관을 가진 사람이 강인하게 살고 꾸준히 성공을 이어간다. 잠을 충분히 잔다면 확실하게 체력을 충전할 수 있다는 장점도 있을 것이다. 기억해 둬야 할 것은 수면 시간을 확보하기 위해 불필요한 사교 모임은 전부 잘라내는 용기가 필요하다는 것이다.

불필요한 사교 모임에는
참석하지 않는 용기를 갖자.

다른 세상을 보게 하는 잠깐의 일탈

❶ 지각을 감수하고 조금 늦게 출근한다.
  5~7시에 보는 거리와 9시에 보는 거리는 다르다.

❷ 걸어서 다녀 본다.
  차를 타면서 놓쳤던 풍경이 눈에 들어온다.

❸ 낮에 서점에 간다.
  이런저런 책을 여유 있게 뒤적이다 보면 지금까지 몰랐던 세상이 보인다.

❹ 종일 인터넷을 하지 않는다.
  생각할 시간이 많아진다.

❺ 술자리나 회식이 아닌, 음악회에 가 본다.
  낯설지만 색다른 분위기는 또 다른 감동을 가져온다.

090

알코올 이외에 취할 수 있는 것을
일로 삼으면 세상은 천국이 된다

+ 　　　술로 스트레스를 푸는 사람들이 많다. 그러나 정말 행복한 사람은 술을 마시지 않고도 기분이 좋아지는 사람이다. 그중에서도 최고인 사람은 하던 일이 본 궤도에 오르면, 마치 술을 마신 것처럼 기분이 좋아져서 기운이 넘치는 사람이다. 이러한 사람이 바로 진정한 프로이며, 인생의 승자이다. 이런 사람들은 일이 너무 좋아서 특별히 스트레스를 해소할 필요도 없고 주변에 감사할 줄도 안다. 덧붙여서 체질적으로 술을 전혀 마시지 못하는 사람도 많다. 이런 사람들은 술을 마시지 못하지만, 그만큼 그 시간에 다른 사람에 비해 커뮤니케이션 능력이나 업무 능력을 더 갈고 닦을 수 있다.

인생의 승자는 일을 통해
기분이 좋아지고 기운이 넘치는 사람.

현대인의 필수품 4M

❶ Money
아무리 가까운 친구라도 얻어먹기만 하고 살 줄 모르면 싫어하는 것이 인지상
정이다.

❷ Manner
아무리 옷을 우아하게 입고 화장을 화사하게 했어도 교양미가 없다면 아름다
움이 느껴지지 않는다. 사람이 사람을 보고 매력을 느끼는 것은 정갈한 행동
거지에서 감지할 수 있다.

❸ Management
곧 리더십을 의미한다. 여기서 말하는 리더십이란 사람을 이해하고 배려할 수
있는 따뜻한 마음을 뜻한다. 그것이 바로 공감능력이며 감성지수라 하겠다.

❹ Mouth
현대를 살아가는 데 있어 중요한 요소가 자기를 잘 표현할 수 있는 커뮤니케
이션 능력이다. 정확하지만 모나지 않게 표현하고 설득할 줄 아는 능력 또한
이 시대를 살아가는 중요한 삶의 지혜라고 할 수 있다.

10. 비약(飛躍)의 힘을 기른다

당신이 등에 짐을 지고 있다는 건 열심히 살고 있다는 증거이다. 등에 짊어지고 있는 짐이 무거우면 무거울수록 당신의다리는 단단해진다. 지금 만약 당신이 무거운 짐을 지고 있다면, 미래를 위해 다릿심을 기르고 있는 시기이다.

노력하지 않는 사람은 아무것도 짊어지고 있지 않다. 그러므로 노력하지 않는 사람은 언제나 실실거리며 편하게 살고 있다. 당신이 등에 짊어진 짐은 머지않아 날개가 되어, 당신을높게 날아오르게 할 것이다. 오랫동안 날고 싶다면 마음껏 짐을 짊어져 보자.

091
수수하고 차분한 사람이 비약한다

+ '비약(飛躍)한다.'고 하면 뭔가 화려하게 느껴지지만, 상당히 수수한 것이다. 바꿔 말하면 수수한 일을 하면서, 화려한 일을 하는 양 얼굴에 생기가 넘치는 것이 비약하는 사람의 공통점이다. 예를 들어 작가로 활약하고 있는 사람이 있다. 겉모습만 보면 많은 저서를 갖고 있고 얼핏 화려해 보이지만, 집필이라는 행위 자체는 이루 말할 수 없이 지루한 작업이다. 집필을 하고 있는 작가의 모습을 본다면, 많은 사람들은 분명 '저렇게 고생을 하다니 힘들겠군.'이라며 동정할 것이다. 부지런하고 끈기 있는 사람이 발전해 나간다.

따분한 일을 생기 넘치게 해내는 사람이
발전한다.

092

막대한 업무량을
나만의 페이스로 처리해 내는
사람은 단발로 끝나지 않는다

+ 　　　　꾸준히 성공을 이어가는 사람들을 조사해보면, 재미있는 공통점이 있다. 그건 젊었을 때 한 일의 양이 압도적으로 많다는 것이다. 예를 들면 다음과 같다. 최근 2, 30대 중에 책을 출간하는 사람이 늘고 있다. 이런 사람들을 주목해보면 재미있는 사실을 발견할 수 있다. 책 한권을 집필하고 힘이 다한 사람이 있는가 하면, 마치 폭주하듯 곧이어 10권, 20권을 출간하는 사람이 있다. 바로 이 차이이다. 전자는 책을 내는 것 자체가 목표였던 사람이다. 후자는 무명의 배고프던 시절부터 언제나 같은 페이스로 꾸준히 글을 써 오다가 기회를 만난 사람이다. 최근

에 갑자기 10권, 20권을 쓸 수 있게 된 것이 아니라, 예전과 다름없는 페이스로 글을 쓰고 있는 것이다.

많은 양의 일을
나만의 페이스로 꾸준히 해 온 결과가
비약하는 힘이 된다.

뇌를 발달시키는 방법

❶ 휴식을 취한다.
  아무것도 하지 않고 편안한 자세로 뇌를 쉬게 한다.

❷ 두 가지 일을 동시에 한다.
  음악 들으며 감상문 쓰기, 공상하면서 시 짓기, 이야기하면서 그림 그리기. 뇌 전환 훈련에 좋다.

❸ 왼쪽 몸을 자주 쓴다.
  오른손잡이는 좌뇌가 발달해 있다. 평소 잘 쓰지 않는 쪽의 몸을 움직이면 덜 발달된 뇌가 자극된다.

❹ 음악으로 활기를 불어넣는다.
  클래식 음악은 우뇌에, 대중가요는 좌뇌 발달에 도움이 된다.

❺ 매사를 의욕적으로 생각한다.
  성취하고자 하는 대상에 의욕을 느끼는 것은 뇌 기능을 발달시키는 훌륭한 방법이다.

093.
억눌렸던 경험의 횟수가
성공의 발판이 된다

+ 　　성공한 사람들이라고 해서 반드시 20대 때, 그 시대의 최선두를 달리던 화려한 업계나 사내의 인기 부서에서 근무했던 것은 아니다. 오히려 딱딱하고 따분해 보이는 업계나 별 볼일 없는 부서에 있었던 경우가 많다. 마음속으로는 '이것도 하고 싶다.', '저것도 하고 싶다.'며 열정을 불태우지만, 위에서 눌러서 마음대로 하지 못했던 사람이 많다. 독립, 전직, 이직 등 사람에 따라 계기는 다양하지만, 억눌려 있던 사람일수록 환경 변화에 감사하는 마음을 가질 수 있다. 이런 귀중한 경험이 성공의 발판 역할을 해 준다.

억압받았던 경험이
비약하는 기폭제가 된다.

강의와 연설을 하는 예절

❶ 정해진 시간을 지킨다
특히 시작하는 시간과 끝내는 시간을 정확하게 지켜야 한다. 시작이 늦어지면 여러 사람을 기다리게 하고, 끝내는 시간을 지키지 않으면 다음 차례의 강사나 연사에게 지장을 주게 되며 진행에 차질을 빚게 된다.

❷ 주어진 주제를 벗어나지 않는다
정해진 주제에서 벗어나 엉뚱한 이야기를 하면 듣는 사람들의 기대를 저버릴 뿐 아니라 그 효과도 반감되고 만다.

❸ 강의나 연설의 요지를 미리 준비한다
정해진 시간에 주어진 소재를 효과 있게 이야기하려면 말해야 할 요지를 미리 준비해서 이야기의 흐름과 맺음을 분명히 해둔다.

❹ 듣는 사람이 누구인가를 고려한다
듣는 사람의 나이, 성별, 직업, 지적 수준 등을 파악해서 이야기할 범주를 설정해야 한다.

❺ 목소리의 강약과 완급에 주의한다
확성 장치가 있으면 그 효과에 유의하고, 확성 장치가 없으면 모든 청중이 알아듣도록 음성을 높여야 한다. 대중을 상대로 말할 때의 속도는 단독 대화와는 달리 여유가 있고 또박또박해야 한다.

❻ 시작할 때와 끝낼 때의 인사말을 잊지 않는다

094
질투받는 것쯤 당연하다

+ 　　높이 날아올라 남들보다 저 멀리 앞서 가려 할 때, 주위에서 시샘을 하는 건 당연하다. 일본의 관서 지방에서는 오래전부터 질투는 죽어서 불에 타도 마지막까지 남는다고 했다. 그 정도로 질투란 모든 인간이 갖고 있는 뿌리 깊은 것이다. 젊은 나이에 성공한 사람들은 모두 시샘을 받아왔다. '애송이 주제에 건방지게…'라는 말을 듣지 않은 날이 없을 정도이다. 이런 것은 성공으로 가는 통과 의례라고 생각하고, 전혀 두려워하지 않아도 된다. 질투에 눈이 먼 비판은 당신에게 있어서 성공 스토리의 테마송과 같은 것이다.

질투는 성공으로의 통과 의례.
성공은 이미 눈앞에 있다.

강의와 연설을 듣는 예절

❶ **시간을 지킨다**
강의와 연설을 듣는 일은 미리 정해진 일이므로 반드시 시작하기 전에 장소에 들어가서 정해진 자리에 있고, 끝나기 전에 미리 나오는 일이 없도록 한다.

❷ **정숙하고 바른 자세로 듣는다**
잡담한다거나 자세를 흐트러뜨리면 주위 사람들의 집중력을 해칠 뿐 아니라 말하는 사람에게도 큰 결례가 된다.

❸ **마음으로 새겨듣는다는 자세로 듣는다**
강의나 연설은 소리로만 하지 않고 글로 쓰거나 몸짓으로 그 내용을 전달한다. 강사나 연사의 눈빛과 표정, 몸놀림 하나하나를 주시하며 마음을 기울여 새겨듣는다. 또한 필기도구를 준비하여 말하는 내용을 요약해가며 듣는 것도 훌륭한 듣기 자세이다.

❹ **강사나 연사가 말하는 도중에 질문하지 않는다**
말하는 도중에 질문하여 이야기의 흐름을 막아서는 안 된다. 이야기가 끝나거나 질문 시간이 따로 주어졌을 때 질문을 하도록 한다.

❺ **싫다거나 지루하다는 표시를 하지 않는다**
졸음이 오면 가만히 일어나 맨 뒷자리로 가서 듣는다. 강사나 연사가 보는 앞에서 앞에서 하품하는 것은 금물이다.

❻ **야유나 소란을 피우지 않는다**
여러 사람이 듣는 장소이므로 비록 이야기의 내용에 경청할 만한 것이 없다 하더라도 다른 청중의 입장을 존중하여 야유한다거나 소란을 피우지 않는다.

095
24시간 365일, 이미 성공한 사람으로 살아간다

+   자신감이 넘치는 사람은 강하다고들 한다. 그러나 자신감은 깨지기 쉽다. 세상에는 위로 올라가면 더 높은 위가 있으며, 절대 실력으로 당해낼 수 없는 상대가 여기저기 존재하기 때문이다. 압도적인 능력을 가진 실력자 앞에서 자신감은 순식간에 무너진다. 자신감이 넘치는 사람의 성공을 누리는 기간이 짧은 이유는 착각에서 깨어난 순간 끝이 나기 때문이다. 그보다는 이미 성공한 사람이 되어 '미래완료형'으로 살아가는 편이 우리를 강하게 만든다. 바로 365일 언제나 성공한 사람을 연기하며 성공한 사람의 삶을 사는 것이다. 실제로 해 보면 알겠지만, 무척 짜릿한 쾌감이 있고 점점 현실과 연기의 경계를 느낄 수 없게 된다. 실제로 성공한 후에도 성공했다는 걸 깨닫지

못할 정도이다.

성공한 사람을 연기하면
이상과 현실이 일치하게 된다.

명랑도를 높여라

❶ **때로는 단순해져라.**
심각하게 고민만 한다고 뾰족한 수가 생기는 것은 아니다. 호탕하게 한 번 웃어버리고 새롭게 일어설 수 있는 각오를 다져라

❷ **허를 찌르는 기회를 노려라.**
재치 있는 농담이나 행동은 아껴두었다가 결정적일 때 꺼내놓아라. 시도 때도 없이 명랑한 모습은 사람을 가벼워 보이게 만든다. 당신의 명랑함이 만인에게 필요한 순간, 그때는 마음껏 매력을 발휘해라.

❸ **당당함과 솔직함을 최대 무기로 삼아라.**
내숭이나 일체의 거짓된 행동도 삼가라. 누구에게나 솔직할 수 있다면 당신의 명랑도는 빛을 발한다. 항상 사람을 대할 때 솔직함과 당당함으로 다가선다면 어느 사람도 명랑한 당신을 거부할 수 없을 것이다.

❹ **외로워도 슬퍼도 항상 명랑함을 유지해라.**
웬만해서는 항상 명랑한 모습을 유지해라. 조금 슬픈 일이 있다고 해서 침체하여 있지 말고 또 다른 돌파구를 찾아야 한다. 누구든지 함께 있으면 명랑한 기분이 전이될 수 있도록 슬픔과 분노, 나쁜 감정들은 오래 간직하지 마라.

096

비약을 방해하는
최대의 수갑과 족쇄는
세간의 이목이다

+   세간의 이목을 버린 사람은 모두 자유로운 인생을 살며 평온한 얼굴을 하고 있다. 반면, 세간의 이목에 얽매여 있는 사람은 인내에 인내를 거듭하면서 어두운 얼굴을 하고 있다. 세간의 이목이란 절벽 낭떠러지에서 한쪽 손으로 필사적으로 잡고 있는 나뭇가지와 같다. 많은 사람들이 세간의 이목이란 가지를 무서워하며 놓지 못하고 있다. 100명 중 99명은 손을 놓지 못한다. 세간의 이목이란 가지를 놓으면 나락의 바닥으로 떨어질 거라 믿고 있기 때문이다. 그러나 실제로 가지를 놓아 본 사람들은 모두 알고 있다. 두려움에 떨며 손을 놓았더니, 이미 발이

땅에 닿아 있었다는 사실을 말이다.

세간의 이목을 버리면
나락의 바닥이 천국으로 바뀐다.

097
특별히 의식하지 않았는데
칭찬받은 것이 당신의 재능이다

+ 밝은 미래를 향해 나아가기 위해서는 자신의 재능을 잘 살리는 것이 중요하다. 자신의 재능을 오인하면 인생은 지옥이 되어 버린다. 이 세상에서 최고의 지옥이란, 실수로 자신이 싫어하는 분야에서 성공하고 마는 것이다. 당신의 일상은 싫어하는 것으로 가득 찬 인생이 되고 말 것이다. 당신이 이제까지 노력해 온 것이 반드시 당신의 재능은 아니다. 오히려 싫어하지만 오랫동안 노력해 온 것은 절대 당신의 재능이 아니다. 진정한 재능이란 본인은 특별히 의식하지 않았는데도 주위 사람들에게 칭찬받은 것이다. 예상 밖의 칭찬을 받은 것 중에 당신의 재능이 있다.

반드시 '노력한 것 = 재능'은 아니다.
무의식이나 예상 밖의 것에
당신의 진정한 재능이 잠들어 있다.

대화를 리드하라

❶ 상대에 맞게 적절하게 대응해야 한다.

내성적인 사람에게 돌발적인 행동으로 관심을 끌려고 한다면 상황을 더욱 악화시킬 수 있다. 또한 자기과시욕이 강하거나 거만한 상대에게 지나치게 겸손한 태도를 보이면 당신을 무시할지도 모른다. 따라서 대화를 리드하려면 먼저 상대방이 어떤 부류인지 파악하고 그에 맞는 적절한 대응을 해야 한다.

❷ 상대가 즉각 대답할 수 있는 화제를 선택한다.

취미나 이슈가 되고 있는 이야기 등 질문을 하면 상대가 즉각 대답할 수 있는 화제를 언급하면 상대방은 친밀감을 느끼고 당신이 주도하는 대로 따라온다. 또한 친밀감이 깊어지면 당신이 원하는 이상의 정보를 제공하기도 한다.

❸ 목적이 있어 의도적으로 접근했다는 느낌을 주지 않는다.

설사 어떤 목적이 있더라도 상대에게 이득을 취하려는 듯한 느낌을 주어서는 안 된다. 사람들은 상대방이 목적을 가지고 접근한다고 생각하면 마음을 열지 않는다. 경계심을 품고 있는 상대가 당신에게 대화의 주도권을 넘겨줄 리 없다.

❹ 상대방의 자존심을 높여준다.

사람들은 자신을 존중해주는 사람에게 너그러워진다. 따라서 상대방을 존중한다는 느낌을 심어주면 당신이 원하는 대로 대화를 이끌 수 있다.

❺ 칭찬한다.

칭찬은 어떤 말보다 달콤하다. 아무리 얼음 같은 사람일지라도 칭찬 한마디면 눈 녹듯 따뜻해진다. 만약 상대방이 고집스러운 태도로 대화를 거부한다면 아주 사소한 점이라도 칭찬하라. 그러면 당신과 적극적으로 대화하려는 상대방과 대면하게 될 것이다.

098

반드시 '아게망(あげまん)'과
사귄다

+   '아게망'이란 남성을 출세시키는 여성을 일컫는 말이다. 남성의 출세에 여성의 힘이 크게 작용한다는 건 이미 잘 알고 있는 사실이다. 남자라는 존재는 사랑하는 여성에게 '대단해!'라는 말을 듣기 위해서라면, 범죄라도 저지를 정도로 단순하다. '대단해!'라는 한마디를 듣기 위해서라면 무슨 일이든 하려하고, 열정을 불태우기 때문에 인류는 진화해 왔다. 여성 역시 성공하고 싶다면 '아게망'과 친하게 지내야 한다. '아게망'의 가장 큰 특징은 무리지어 행동하지 않는다는 것이다. 그들은 언제나 당당하게 혼자 걷고 있다. 그럼에도 불구하고 외로워 보이지 않는 것은 진심으로 신뢰할 수 있는 사람이 있기 때문이다.

'이 사람을 위해서 열심히 노력하자.'라고 생각했다면,
상대는 나를 끌어올려주는 사람이다.

준비 없는 성공 화술은 없다

❶ **경험에서 우러나온 자신의 사상, 아이디어, 신념을 정리한다.**
자신이 얘기하고자 하는 내용을 <u>스스로 충분히 숙지하지도 못한 상태에서</u> 상
대방을 설득시킨다는 것은 어불성설이다.

❷ **떠오르는 생각들을 모두 메모한다.**
생각을 메모해두면 말하고자 하는 내용을 정리할 때 쉽다. 이때 메모는 간단
하게 요약해도 충분하다.

❸ **예행연습을 한다.**
생각이 어느 정도 정리되었다 하더라도 한 번 실천해보는 것이 좋다.

❹ **상대방의 반응을 세밀하게 관찰한다.**
당신의 이야기를 듣고 상대방이 시큰둥한지, 흥미롭게 생각하는지를 관찰해두
면 생각을 수정·보완할 때 도움이 된다.

❺ **자신이 말하고자 하는 주제에 관심이 있는 친구를 찾아서 구상한 것을 얘기한다.**
상대방은 그 주제에 흥미를 느끼고 있는 사람이기 때문에 신중하게 이야기를
들어줄 것이며, 자신이 미처 깨닫지 못한 견해나 이야기의 내용, 적절한 형식
등을 조언해줄 것이다.

099
반드시 '사게망(さげまん)'과 헤어진다

+   '사게망'이란 '아게망'과 정반대의 사람이다. 사게망은 언제 어디서건 왁자지껄 시끌시끌 무리지어 있다. 무리지어서 무슨 일을 하는지 살펴보면, 그 자리에 없는 사람의 험담에 열을 올리고 있다. 자신의 일은 모두 제쳐놓고 타인의 실패를 엄하게 추궁하고 신경질적으로 비난한다. 남성뿐만 아니라 여성 역시 성공하고 행복해지고 싶다면, '사게망' 무리와 거리를 둬야 한다. 깜빡 방심하면 바로 '아게망'에서 '사게망'이 되고 만다. 남성 역시 무리를 지어 그 자리에 없는 누군가의 험담으로 떠들썩한 샐러리맨도 '사게망'이다.

언제나 무리지어 있고,
남의 험담을 하는 '사세망' 무리에서
빨리 빠져나오자.

거짓말의 '심리학' 1 ▶

❶ 처음부터 계획적으로 뭔가 이익을 얻기 위해서 하는 거짓말

두말할 것도 없이 나쁜 일지만, 평범한 사람도 일상생활에서 흔히 겪는 일이
다. 그 극단적인 예는 우리가 흔히 '사기꾼'이라고 부르는 사람들에게서 볼 수
있다.

❷ 허세나 원망(願望) 때문에 하는 거짓말

허세 때문에 하는 거짓말은 열등감을 감추려는 심리가 작용한 것이다. 이런
경우에는 상대방보다 유리한 입장에 서고 싶다는 심리가 작용하는 것이 태반
이다. 성적이나 학력, 또는 직업이나 몸에 걸치고 있는 옷, 장식품의 가격 등이
열등감의 요인이 되기 쉽다. 그리고 원망 때문인 거짓말은 어린이가 공상을
현실과 일치시키는 것이 그 대표적인 사례다. 물론 이런 경향은 어른들에게서
도 흔히 볼 수 있다.

❸ 한순간을 모면하기 위해 거짓말을 하는 경우

이 경우도 상황에 따라 여러 가지로 나뉘는데, 여기에는 공통점이 있다. 그것
은 순간적으로 거짓말을 한다는 점이다. 그러나 거짓말을 함으로써 일시적으
로나마 그 위기를 모면할 수는 있지만, '입 밖으로 새어나간 한마디의 거짓말
을 숨기기 위해 스무 마디의 거짓말을 만들어내지 않을 수 없다'는 미국 대통
령 제퍼슨의 말처럼 그 꼬리까지 감출 수는 없다.

100
비약하지 못하는 것은
2지망 이하에 매달려 있기 때문이다

+　　　하늘을 날 때 이것저것 짐이 많은 사람은 높게 날
지 못한다. 높이 날기 위해서는 손에 쥐고 있는 것들을 놓
아야 한다. 손에서 놓아야 할 짐이란, 1지망을 제외한 모
든 것이다. 언제까지고 2지망 이하의 것들에 매달려 있으
면, 같은 자리에서 제자리걸음만 하다가 인생을 끝내게
된다. 비약하기 위해 당신은 이미 충분히 준비해 왔다. 지
나치게 준비하는 것은 겁쟁이라는 증거이다. 지금까지 지
나칠 정도로 준비를 해 온 것은 1지망만을 남기고 모든 것
을 버리기 위해서였다. 지금까지 손에 쥐고 있던 2지망에
서 100지망을 이제 그만 놓아도 좋다. 모든 것은 1지망으
로 가는 밑거름이 되어줄 것이다.

도전을 피하기 위해 지나하게 준비하는 인생에서
지금 바로 졸업하자.

그저 그런 20대를 보낸 사람이
30대에 변화하기 위해 알아야 할
좋은 습관 리스트 100

초판 1쇄 인쇄 | 2013년 11월 11일
초판 1쇄 발행 | 2013년 11월 15일

지은이 | 센다 타쿠야
옮긴이 | 박은희
펴낸곳 | 함께북스
펴낸이 | 조완욱

등록번호 | 제1-1115호
주소 | 412-230 경기도 고양시 덕양구 행주내동 735-9
전화 | 031-979-6566~7
팩스 | 031-979-6568
이메일 | harmkke@hanmail.net

ISBN 978-89-7504-600-1 03320